憑依怪談 無縁仏

いたこ28号

竹書房
怪談
文庫

目次

鎮護

怪談マニアが集まり、関東最強のパワースポットは何処かという話題が出ると、会話に参加していた者はなるほどと、必ず納得してしまう場所がある。

それが何処なのかは諸事情で詳しくは書けないことを、最初に謝罪しておきたい。

だったら書くなとの声もあると思うが、どうしても伝えておきたい話なのだ。

建設業に就いている松本が『その場所』で体験した話である。


日本には、「禁足地」と呼ばれ、人が入ることを禁じた区域が数多くある。

松本が関わった東京にあるその場所も、特別な人間しか入れない場所だ。

そこは「禁足地」でもあり特別なパワースポットでもある。

その場所で工事を行うには、多くのルールがある。主だったものは次の二つだ。

作業をする業者は昔から決められた特定の会社であること。

作業はこの場所のルールを熟知した者が行うこと。


松本の会社は工事が許されていた。請け負った仕事は土地の造成である。

事故もなくスケジュール通りに工事は進んだ。

松本は現場にある会議室で、担当者達と工事の最終確認をしていた。

そこへ、怒鳴り声を上げながら一人の初老の男が会議室に飛び込んできた。

口から泡を飛ばしながら、凄い形相で何ごとかをまくしたてている。

あまりにも変貌しているので一瞬、誰なのかわからなかったが、それが技官のMだと松本は気がついた。

いつものMは腰が低く、笑顔を絶やさず口調にも品がある技官だ。

そのMが同一人物とは思えないほど激高して、口汚く松本達を罵っている。

「あの石を何処に持って行った！」

その言葉に、会議室にいた他の技官達もにわかにざわつきだした。

絶対にあってはいけない事故が起こったのだ。

「あの石」とは要石《かなめいし》のことだった。要石とは地震を鎮めているとされる霊石である。

要石は日本全国にあるが、ここにある要石は特別に重要な石だ。

その要石があるべき場所から無くなっているというのだ。

本来なら何度も作業チェックを行うのでありえないことなのだが、偶然と不運が重なった。その作業はルールを知らない下請けの会社と作業員が行っていた。

ことの重大さを理解した松本達は、現場で工事をおこなっていた作業員達に、慌てて確認をするが手遅れだった。

大人が両腕で抱えられるぐらいの大きさであった要石は、作業に邪魔なので掘り起こされていた。そのうえで粉々に砕かれ、ダンプで運ばれた後だった。

松本達では手に負えない事故である。会社の上層部が呼び出されて対応が話し合われたが、松本はその内容まではわからないという。


私はこの話を聞いて漠然とした恐れの感情を覚えた。

そして一週間が過ぎた頃。

怪談仲間達と酒を飲んでいた席で、神社関係の裏話に詳しい男性が、公表はされてないが最近ヤバい事件があったと話をした。

「要石が壊されてしまった」

それは、あの東京にあった要石ではない。

別の土地にある、禁足地の要石が何者かに破壊され、関係者の間では大騒ぎになっているというのだ。

日本には多くの要石があるが重要な要石は三箇所の禁足地にあるといわれ、その二つが破壊されたのだ。

平成二十三年三月十一日。

東日本大震災が起こった。

破壊された要石と震災との因果関係は本当のところはわからない。

ただ震災の数週間前に禁足地にある要石が破壊されたことは事実である。

心霊写真談

今でもあの風景は脳裏に焼き付いている。

春の暖かな日差しが心地良い季節。花粉症などなく、春の空気を好きなだけ感じられた。

大学の必修科目に体育の授業があった。

授業はのんびりとしたものだ。天気が良いのでマラソンをしようとなった。

時間やスピードを気にせずに苦しくない程度で走れという。

私（筆者）は走ることが好きだ。何も考えずただただ頭の中を空っぽにして走る単純な運動は、面白さを説明できないが好きだ。

小石だらけの運動場を数周走った。

前方に会話をしながら走る二人の男がいた。

なんとものどかである。私は彼らに難なく追いついた。

彼らの会話から三つの言葉が耳に飛び込んできた。

「人形」「お昼の生放送」「稲川淳二」

二人を追い抜いて暫くすると、その言葉から、子供の時に恐怖した番組の記憶が脳内で蘇ってきた。

怪談ファンなら知っているであろう、後に稲川淳二氏が『生き人形』のエピソードの一つとして必ず語られる番組だ。


昭和五六年（一九八一年）八月三日。

ABCテレビ『ワイドショー・プラスα』の生放送で、稲川氏が人形に纏わる怪異を語り、関係者に災いをもたらした少女人形が公開された。

生放送中に起こる怪奇現象で、スタジオがパニックになる伝説の放送だ。

高校生の私は生放送をリアルタイムで見てしまい、恐怖のどん底に落ちた。

夏休みが終わり、新学期の学校でその話題を振るが、誰も信じてくれなかった。クラスには誰も番組を見た者がいなかったのだ。

私は嘘をついていると罵られ、落ち込んだ。

彼らも、番組を見ていたのかを確認したい。そして、晩春の青空の下でマラソンをしながら怪談を語り合うバカはどんな奴らなんだ。前方を走っていた二人を追い抜いた私は、興味が沸々と湧いてきた。

私は立ち止まり、彼らが追いついてくるのを待って声をかけた。

そして彼らも伝説の放送を生で見ていたとわかり意気投合した。

この一人が後の、小説家であり実話怪談『あやかし通信』を執筆する大迫純一《おおさこじゅんいち》との出会いだ。

大迫は私が怪談バカになる人生に強烈な影響を与えた。


私は関西にある芸術系の大学に在学していた。

一回生の後半になると男達は負け組と勝ち組に分かれる。

勝ち組とは彼女が出来た者達。暇を持て余す我々負け組は趣味に走り、そんな負け組達が『オタク文化』の礎になった。後に世界で認められる日本の『オタク文化』を作る監督や漫画家、事業家が在学していた事実があるので、頭ごなしに否定できないのではないだろうか。

そんな負け組の我々のグループは怪談に走った。

大学では怪異談が多く語られていた。

屋上から何度も飛び降りを繰り返す女の幽霊、真夜中に大学内を走りまわる黒い影、激突して亡くなった女生徒がへばりつくガラスの扉、新設された校舎の屋上に立つ元学長の霊など……大学が古墳の上に建てられたので、霊を呼ぶとの噂話もまことしやかに囁かれていた。

怪談には困らない環境なのである。

私は子供の頃に、夏休みになると「あなたの知らない世界」などに代表される心霊番組を見ていて、怪談には興味があったが、マニアではなかった。

しかし、夜な夜な男子寮に怪談マニアが集まり、大迫を中心に怪異談を語り合ううちに、私も怪談マニアへと洗脳されていくのである。

大迫が語る怪談は怖く興味深く、面白かった。

二回生になると映像学科だった我々に、グループを作って映画を一本撮影するという課題が出される。学生達は自由にグループを作っていいのだが、自ずと怪談好きが集まり映画を制作することになった。

映画はアクション・ホラーに決まった。

大迫が監督で主演。私は特殊メイクを担当した。

ストーリーは、狼男の末裔《まつえい》が、学内の地下から発見された失われた神々の末裔ラゴンの像によりゾンビ化した学生達と戦う——なんでもありなB級映画である。

完成シナリオはおのずと真夜中のシーンがメインになった。

撮影スケジュールを考えてロケ地は許可取りをしなくても良い大学構内にした。

同じ学部に在籍する道也という男がいた。道也は数多くの怪異体験をしている。彼が語る怪異にはいつも驚かされた。

道也は今回の映画でゾンビ役をやることになった。

撮影も終盤になった頃。

ゾンビ役を張り切っていた道也がドタキャンをした。撮影現場に来ないのだ。

大学から徒歩五分の場所にある寮にも居なかった。

それだけでなく、その日を境に、講義にも出て来なくなった。

撮影が終了し、編集作業をしている学生寮に道也が現れた。

ドタキャンの件を何度も何度も我々に謝罪した。

初めは支離滅裂に理由を語るので要領を得なかったが、少し落ち着くと道也が恐怖体験をしていたことがわかった。

「撮影現場には怖くて行けなかったんだ」

道也は恐怖体験談を語り出した。


ドタキャンした日の二週間前。

道也の部屋で同じ寮の男子学生六人で酒を飲んでいた。

誰が言い出したのかは記憶が曖昧だという。

「大学の八号館には幽霊が出るから撮影しに行こう」

酒の勢いもあり誰一人反対をする者はいなかった。

写真学科の原島が自慢の一眼レフカメラで霊を撮影してやると張り切った。

寮から大学までは徒歩五分。彼らは深夜の大学構内に忍び込み八号館の教室に入った。

八号館は三階分を吹き抜けにし、コロッセウム（円形競技場）を半分に切ったような作りの教室で、構造上、生徒達は講義を見下ろすように受けることになる。

教壇の左側には白い柱があり、その柱の前にグランドピアノが設置してある。

原島は上段の席から見下ろすような形でピアノと柱が入る構図でシャッターを切った。

フラッシュと同時に誰かが「うあ！」と叫ぶ。

つられるように全員が叫びだし、爆笑しながら教室から逃げ出した。

「酔った勢いでテンションが上がり、意味なく叫んだってさ」

道也も大笑いしながら寮の部屋に戻った。

五日後。写真が現像されたので皆で見ようとなった。

六人いたうちの一人だけを除いて、全員が道也の部屋に集まった。

当時はデジタルではない。まずはフィルムを現像し、そこから紙焼きのプリントを作る。

原島はサービスサイズにプリントされた写真の束を畳の上に広げた。

その中から教室を撮影した写真を見つけ、他の写真を袋に戻した。

五人は写真を囲むように車座になる。

教室の上段から俯瞰《ふかん》気味に撮影された一枚の写真は、普通の味気ない風景写真で「幽霊なんて写っていない」と五人は笑った。

ピアノの横にある白い柱の上には小さな半円の鼠色のモヤがあったが、

「反射したハレーションの類だよなって。本当に心霊写真が撮れるとは期待してなかったしね」

畳の上に写真はそのままにされ、車座のまま別の話題を始めた。

「今から鍋でもしないかとか話していたら。写真が変なんだ」

写真の中の、白い柱の上にあるモヤの部分が動いている。畳の上に無動作に置かれている写真のモヤの部分から、煙が湧き出るように動いているのだ。

彼らが見つめる前で、モヤはやがて形を構成しだした。

それは、右側だけの頭蓋骨になったという。半分に切れた頭蓋骨が柱の上に現れたのだ。

そして半分の頭蓋骨全体から煙が吹き出すようにモヤが動いている。

やがて五人の目の前で、頭蓋骨に肉がついてきて男の顔半分になった。

坊主頭の中年男性だ。

男から殺気を感じて怖くなった。

「見ては駄目だと。写真を裏返したんだよ」

それ以上はどうしたらいいのかわからず、恐怖で思考が停止したという。

「そしたら文芸学科の柳田がね。おれ、実は密教を勉強しているから、お前らは部屋にいろと叫んで飛び出していったんだ。宗教学に興味があることは知っていたんだけど。柳田が頼もしく見えたよ」

柳田は鍋と塩を持って部屋に戻ってくると、鍋を中心に全員を車座に座らせた。

「あれって九字っていうんだっけ？　柳田は九字を切って呪文を唱えだしたよ」

柳田は鍋に塩を入れた。そして手に持った写真に火をつけ、鍋の中に放り込んだ。

写真は青い炎を上げながら燃える。

再び意味のわからない言葉で呪文を唱える。そして沈黙……。

突然、柳田は正座した状態で後ろに倒れた。

口から泡を吹いていた。

「全然駄目じゃん、救急車！　と俺が叫んだら、柳田がか弱い声で大丈夫って……。大丈夫には見えなかったけどね」

ほぼ同時に全員の頭の中に浮かぶ風景があったという。

「今考えても不思議なんだけど、あの神社が脳裏に浮かんできたんだ」

あの神社とは、寮から徒歩十分ほどの距離にあり、そこに行けば助かると感じたという。

ビニール袋に写真の灰を入れる。

目が虚ろな柳田を二人で両脇を抱えるようにし、全員で神社へと向かった。

神社は小高い丘の上にある。歴史ある神社で境内には大きな杉の木が何本も植えられている。

二十時を過ぎると何か行事がない限り神社の境内は照明が消され、闇に包まれている。

しかし今夜は二十一時を過ぎているのにすべての照明がついていた。

石の階段を上りきると鳥居前にある百度石から、拝殿前にある百度石の間を繰り返し歩く女がいた。お百度を踏んでいるようだ。

拝殿の前でどうしたものかと途方に暮れていると、お百度を踏んでいた女がこちらに向かって歩いてきた。

女は裸足だった。

「どうかされましたか?」

彼女の声を聞くと、道也は「これで大丈夫」だと安堵した気持ちになったという。

神主の夫人で由美子と名乗った。夫は地方で仕事があり帰ってこないという。

ただ私でも出来ることがあるので、詳しく話を聞かせてくださいと言った。

「本殿に入れてくれて……。みんな泣きながら写真の話をしてさ。お祓いが始まったんだ」

具体的にどういうお祓いをしたのかは、他言してはならないとの約束をさせられたので話せないという。

「今から写真の灰を川に流しに行くからって」

彼女を先頭に徒歩三十分ぐらいの距離にある川に向かった。

土手から真っ暗な河原に降りた。

川は一級水系なので川原が広い。ゴロゴロした石の上を歩いて行き灰を川に流した。

「その後が怖かった。ここから神社に戻るまでは絶対に振り向くなと言われた」

強い口調で「後ろを見てはいけない」と念を押された。

「土手の上から暗闇に広がる田園地帯が見えるんだけど。振り向いたら駄目だと言われた後に、あの暗い畦道を歩いて戻るのかと考えたら……」

腰が引けたという。


田園地帯を半分に切るように続いている細い畦道を一列になり歩いた。

季節は冬なので虫の声ひとつしない。不気味な静けさだ。

背中に寒気がする強烈な視線を感じた。

後から、自分達の足音とは違うナニかの足音が付いて来た。

足音は異質だった。土の畦道を歩く足音とはまったく違うのだ。

「雪を踏み潰しながら歩く足音に似てたよ」

畦道を抜けて舗装された道路に出ても足音はついてきた。

「最後尾にいた由美子さんが後ろから励ましてくれるんだ。ああやって声をかけてくれなかったら、耐えられなくて後ろを向いていたと思うよ」

石の階段を上りきり、鳥居を全員が潜った。

「神社の鳥居を越えたら安堵の気持ちが押し寄せてきて。その場でへなへなと膝をついたよ。それでね、あの写真なんだけど由美子さんが言うには――」


大学の前には修行僧達が信仰対象の山へ向かうための道があった。

その道を横切るように大学の正門の道を作った。

江戸後期に修行途中の僧侶が、今の大学の正門前で亡くなり、亡骸は村人が作った墓に埋葬された。

墓はあの写真を撮影した場所にあったようだ。

その僧侶が写真に写った。

道也達を祟るような気持ちはないようだが、無念の思いが強烈過ぎて悪い影響を与えたという。

「由美子さんにはまだ話してないのに、来れなかった学生さんがいるよね。って当てるんだぜ」

だから彼女の話は信じられるという。

「ドタキャンして悪かった。あの心霊写真が撮影された八号館の前で、それも真夜中に撮影をするなんて恐ろしくて無理だよ」

まして道也がゾンビメイクで狼男に殺されるシーン。

僧侶の霊に不謹慎だと思われるので来れないよなと納得をした。

我々はその不謹慎と思われて仕方がないシーンの撮影を既に終えていた。

八号館の前で……。

みている

八ミリフィルムをご存知だろうか？　動画を撮影するために使用するフィルムだ。

フィルムで撮影する一般的なカメラは三五ミリフィルムを使う。

その約四分の一で八ミリ幅のフィルムである。

二回生になると映像学科の我々には、グループを作り、映画を一本撮影するという課題が出される。

課題の映画は八ミリフィルムで撮影をするのだ。


友人の大迫が監督と主演でアクション・ホラー映画を作ることになった。

ロケ撮影は全て大学構内で行った。

構内にある八号館前には芝生があった。三棟で囲む形で作られている三十坪ほどの芝生だ。

今夜は、芝生の地中からゾンビが這い出し、主人公の狼男と戦うシーンの撮影をする。

本来ゾンビ役は六人だったが、道也がドタキャンをしたので五人になった。

怪異が撮影されたカットはゾンビが主人公に襲いかかるシーンだ。
ゾンビがフレームインしてくる。
そのゾンビは主人公に刀で切られる。
切られたゾンビはフレームアウトする。
画面は八号館の白いコンクリートの壁だけになる。
そこでシーンはカット。三テイクでそのシーンは終わった。
今夜撮影するカットを全て撮り終えると空が白んでいた。

ひと月ですべてのカットを撮り終えて、撮影は終了した。
フィルムの現像が上がると編集作業に入る。
編集担当の時田が面白いモノが撮影されていたので見て欲しいという。
彼は少しでも大画面でと、わざわざ映写機を寮から運んできた。
講義がない教室でそのシーンを試写することになった。
教室には私と大迫と、他にスタッフが数人いた。

映写機がカタカタと音を立てながら動き出す。
スクリーンにはゾンビが切られるシーンが映写されている。
ゾンビは主人公に刀で切られフレームアウト。
八号館の白いコンクリートの壁が映写される。
試写を見ていた我々は驚きの声を上げげた。
壁面に目があるのだ。
フリーメイソンのピラミッド上に描かれている目をご存知だろうか？
あのデザイン化されたような巨大な目がひとつ、四階あたりの壁面にあるのだ。
目頭から目尻まで三メートルはある。
立体感がない絵のような目が我々を見つめている。
「興味深いのはそれだけじゃないんだよ」
時田はニヤニヤしながら別のフィルムに変えて映写を始めた。
同じ芝生で撮影した別のシーンだが……。
アングルはロングで撮影されているがバックに八号館の壁が撮影されている。
このシーンにも八号館の壁面には同じ巨大な目があった。

「これってさ。撮影したアングルが違うのに、どう見ても同じ場所にあるから。巨大な目玉はあの場所に存在していたことになるよな」

もちろん目なんて壁面に描かれてはいない。

窓もない五階建てビルの壁面の上部に巨大な目があるわけがない。

時田は楽しそうに話すが、私は道也が関わった心霊写真との関係がありそうで、なんだか怖くなった。

暫くして映画は完成した。目のカットは本編に使われた。

学部内で、幽霊が撮影されているとの噂が広がり、上映には目を見ようと観客が集まった。

上映が始まるとえらく盛り上がった。

映画の中盤で八号館の壁にある目のシーンになる。

ゾンビが主人公に刀で切られる……。

私達は恐怖で声を失くした。

しかし観客達は拍手喝采。彼らは勘違いをしていた。

問題のシーンになると、その目のカットで画面が止まったのだ。

まるで編集で、そのカットをストップモーションで止めたように、だ。

スクリーンには八号館の壁にある巨大な目の写真を映写したように映っていた。

映写機のフィルムを回転させるモーターが壊れて動かなくなったのだ。

映写事故なのに観客は我々がサービスカットで、問題のシーンをストップモーションにして見せていると勘違いして拍手をしたのだ。


スクリーンから目が我々を見つめていた。

数秒後に観客も声を失くした。

スクリーンに映る目を中心にして白い光の円が広がっていった。

フィルムが燃える様子が映し出された。


映写機の構造上、一秒間に十八コマの速度でフィルムを回転させ、フィルムの後方からライトの光を当てることによってスクリーンに動画を映し出している。

ライトの熱はかなり高いが、通常はフィルムが絶えず回転しているので燃えない。

だが回転が止まり、ライトの熱に耐え切れなくなったフィルムが燃え出したのだ。

映写室は大騒ぎになり上映は中止になった。

幸いにも燃えたカットが三コマだったので、そこをカットするだけで済んだ。

完成した映画はビデオにした。しかしテレシネ作業（フィルム映像をテレビジョン信号に変換する作業）を、スクリーンに映写をした動画をビデオカメラで撮影するという、画像のクオリティが下がる方法でおこなったので、残念なことにそのビデオからは目らしきものを確認するのは難しい。

後日、私と大迫は八号館の裏に打ち捨てられた石の柱が積み重なっているのを発見した。それがあの修行僧の墓の一部なのかどうかは我々にはわからなかった。

在学中、八号館の壁面から視線を感じることは何度もあった。

憑かれる

Rは高円寺のライブハウスでアルバイトをしていた。音楽とアートを生業にしているという。ボディビルダーのように、ガタイがいい男である。

「R君の頬がこけてきたんだよ」

という岡崎は、ライブハウスの常連である。

Rの様子がおかしいことに気づいたのはひと月前だ。

「調子が悪いの？　と聞いても、本人は大丈夫、大丈夫だから問題無し！　って笑うんだよね」

しかし、頬がこけて目がくぼみ身体もひと回り小さくなった。

岡崎はRの変わりように本気で心配をした。

「R君さ。マジな話だけど、皆も心配しているから精密検査を受けてくれよ」

「ありがとうございます。でも痩せた理由は病気ではないんですよ」

Rは笑いながら話しだした。


Rの親友が病院でガンと診断されたのだという。

ステージは既にⅣ。ガンはあちこちに転移しており、末期状態だった。

緊急入院をした親友の母親から「二ヶ月も生きられない」と告げられ、Rはショックを受けた。

「ヤツの方が僕よりショックなわけだから」

時間があれば病院へと見舞いに行き、親友を元気づけることにした。

しかしそんなことしか出来ない自分の無力さが悲しくなったという。

ガンの進行は予想よりも早く、日に日に親友は痩せていった。

モルヒネを処方され、意識が朦朧《もうろう》としている時間が多くなってきた。

その日は休日だったので、Rは午前中に見舞いに行った。

病院のナースステーションで入院患者面会者名簿に名前と関係を記入し、親友がいる六人部屋へと向かった。

親友は元気そうにベッドに腰掛けて座っていたという。

今日は調子が良さそうで、他愛もない話題で会話が弾んだ。

ひとしきり話をしたところで、Ｒに頼みたいことがあるという。

「看護師さんは信じてくれないから」そう笑った。

各ベッドの間仕切りにカーテンレールがめぐらせてある。

処置中や睡眠時にカーテンを引くことで、外から見えないようにするためだ。

病室では唯一、プライベートを守るための仕切りになる。

親友は小声で、

「コウモリがそこのカーテンレールにぶら下がるんだよ」

と言い、足元の上に付いているカーテンレールを指さした。

気持ちが悪いので追い払って欲しい、と。

冗談かと思ったが真剣な表情で頼む親友を信じた。

Ｒは、親友には薬の影響で存在しないコウモリが見えているんだと考えた。

「いたら言ってくれ。病室から追い出してやるから」と約束をした。

それからは見舞いに行くと必ず親友は今日も見たとコウモリのことを話した。

親友は骨と皮ばかりになり、眠っている時間のほうが多くなってきたが、意識のある時はコウモリの話ばかりをするようになった。

親友はナースステーションに一番近い個室に移動させられた。

ライブハウスで仕事中のRに、親友の母親から電話があった。

危篤状態なので来て欲しいという。

店長に事情を話すと「大丈夫だからすぐに行け」と言われた。

駆け付けた病室には親友の母親がいた。

親友は静かに眠っている。今晩が山だという。

母親は親類に電話をしてくるので病室にいて欲しい、とRに言い残すと病室を出た。

病室でRと親友の二人きりになった。彼のやつれた顔を見ていると涙がこぼれた。

親友は目を覚ました。

Rは親友がか弱い声で必死に何かを伝えようとしているのがわかった。

親友の口元に耳を近づけ、聞き取ろうとする。

「あのコウモリが……。眩しいから追い払ってくれ……」

Rは泣きながら「わかったなんとかしてやるよ」と、嘘でもいいから、コウモリを追い払うフリをしようとカーテンレールに目をやった。

目の先にあるものを見て、身体が硬直した。

カーテンレールにコウモリの様な形をした異質なモノがぶら下がっていた。

「エジプトのピラミッドに描かれている絵のような、っていったらわかりますか？　平面芸術というスタイルなんですが、立体感がない。あのデザインで描いたコウモリをドット絵にしたような形をしていました」

カーテンレールにぶら下がっているコウモリの様な形をしたそれは、金色に輝いていた。

「眩しいから早く」

親友が懇願した。

コウモリは輝きを増してくる。

Rもその輝きに眩んで、目の前が一瞬真っ白になる。

次の瞬間、カーテンレールからコウモリは消えていた。

親友は意識を失い、そのまま亡くなったという。

「それでね、岡崎さん。僕はあのコウモリの絵を描かないと駄目なんです」

親友が亡くなって以降、あの金色のコウモリの絵を描かなければいけないという、強迫観念のようなものから離れられない。形はなんとか再現できたのだが、どうしてもあの色が再現できない。絵を描き出すと、寝ることも食べることも忘れて没頭してしまう。だから少し痩せたのだという。

「後少し、後少しで完成できそうなんです。完成すると凄い作品になるんだ」

Rは岡崎にあのコウモリがいかに禍々《まがまが》しく、そして神々しい存在であるかを捲《まく》し立てたという。

岡崎はコウモリの話をするRの目から狂気を感じた。

岡崎はRにコウモリの絵を描くことを断念させようと説得をしているのだが、まったく聞く耳をもたないという。

スターボーズ

『空手バカ一代』を皆さんはご存知だろうか？

一九七一年から『週刊少年マガジン』で連載された劇画漫画である。主人公の空手家が世界中の格闘家と死闘を繰り広げる、強くなりたい男の子達に影響を与えた空手活劇だ。

私も例外ではなかった。入学した大学にフルコンタクト空手（直接打撃制の空手）部があることを知った日に入部届を出した。

『空手バカ一代』の影響をモロに受けた先輩達には色んな意味で凄い人が沢山いた。

先輩に鍋をするからと誘われ寮に行くと、そこには煮えた鍋と取皿のみが置かれていて、箸がない。先輩達は素早いスピードで具をとれば熱くない！　と叫びながら煮えたぎる鍋の中に貫き手。誰も成功せず、部屋中は飛び散った鍋の具だらけになった。

圧縮バット三本を手刀で折る先輩は金属バットを手刀で折る夢を見た。これは正夢だと挑戦し……腕を骨折した。

練習は厳しかったが、漫画の世界にリアルに挑戦するエピソード満載の毎日が刺激的で楽しかった。

そんな中に組手がむちゃくちゃ強い先輩がいた。仮にA先輩としよう。

A先輩は殆ど練習に来ないが、組手の練習がある土曜日には必ず来る。

「実践こそ空手道」

の持論から、夜な夜な街に繰り出し喧嘩をしているとの噂もある人物だった。

そんな男臭い先輩に彼女ができた。

愚直な先輩は、愛する人をいつでも守れるようにと自宅からの通学をやめて、大学の女子寮にいる彼女の近所に住むと決めた。

と言っても、季節は七月。

大学の周辺で値段が安い空き部屋を見つけるのは難しい。

不動産屋さんに頼み込み、空いているアパートをなんとか紹介して貰ったのだが……。

そこは学生達の間でも有名な幽霊物件であった。

霊が出る部屋なのだ。誰も住めないから空いているのだ。

殺人事件があった、女に振られ自殺した学生がいた、孤独死した老婆がいた等……嘘か本当かわからない噂が飛び交う部屋だ。

ただ、幽霊が出るという噂については、かなりの信憑性があることだけはわかっていた。

先輩は「幽霊屋敷に住むのも空手道」と、私にはよくわからない持論でその部屋に住むと決めた。

私は心配しながらも……どうなるか興味津々だった。

そんな先輩は引っ越しが終わった日を境に、必ず参加していた土曜日の練習にすら来なくなった。

幽霊物件と関係があるのか？　私は先輩が何らかの心霊現象を体験しているのではと、話を聞きたくて聞きたくて堪らなくなっていた。

ひと月程が過ぎた頃、大学の食堂で先輩を見つけた。先輩は食事をするでもなく席に座り、窓の外を無表情で眺めていた。

「押忍《オス》！」

私の挨拶に少し驚いた顔を見せた先輩に、唐突な質問をした。

「先輩！　幽霊出ましたか？」

少しの沈黙の後……。

「幽霊なのかな……出たよ」

引っ越しを終えた二日目の夜に、怪奇現象が起こったという。

先輩が越したのは二階建ての五部屋ある木造のアパートで、一階の角部屋。台所とトイレはあるが風呂は無い六畳一間の和室だ。

家具は机があるだけという殺風景な部屋である。

布団を部屋の真ん中に敷いて眠る。と、なにやら音が聞こえる。

初めはクーラーの室外機の音かと思ったという。

畳の下からなのでそれはないとわかった。やがてそれが、男性が何かをブツブツと呟き続けている声だとわかった。

気になってくると眠れない。

五月蝿いのでアパートの下の住民に文句の一つも言ってやろうか…。

いや、この下には部屋はない。床下に人がいるわけがない。

声は段々と大きくなり、男がお経を唱えているのだとわかった。

先輩は飛び起きると、畳に向かって正拳突き！

「うっ」

お経を唱えていた主が声を上げたように聞こえたという。

「そうしたら声は消えてさ。スッキリと熟睡できたよ」

正拳突きで霊を祓うことが可能なのですか。とビックリする私に、先輩は「気合」と言う。

土曜日の練習に来なかったのは大学の課題が大変だったからで、

「彼女とはうまくやってるよ」

と、いつもの先輩の顔に戻ると、食堂から出て行った。

それから一週間後。食堂に、心ここにあらずという表情の先輩が座っていた。

「押忍！」と挨拶を済ませると、失礼だと考えながらも幽霊は出たのかと再び同じ質問をした。

「出たよ」と先輩は話し出した。


ようやく課題を済ませて眠っていた夜、息苦しさで目覚めた。

身体が動かない。とにかく身体を動かそうともがいていると、仰向けで寝ている足元に女が立っているのが見えた。

白い着物を着た女。少し前に首を曲げ、顔に掛かる長い前髪で表情は見えない。

「王道ともいえる幽霊の姿で出たな」

と呆れながらも、目をそらしたら駄目だと本能的に感じた先輩は、女から視線を離さなかったという。

数分間の沈黙が続き、女は左右に首を振るとゆっくりと歩き出した。

すり足で、寝ている布団の周りを歩くのだ。

何度も何度もゆっくりゆっくりと……。

「何か仕掛けてくるかと覚悟をしていたが。それだけなんだよな……で、いつの間にか眠っていた」

次の夜も同じぐらいの時間にその女が出た。

「俺には女が周りを歩けないようにする作戦があったんだよ」

部屋の壁に付けてある机の前に布団を敷いた。そうして、上半身を机の下に突っ込んで眠っていたという。

「こうすれば机が邪魔で、俺の周りを歩けないだろう?」

昨夜と同じように息苦しくなり目覚めると、今回も金縛りで身体が動かない。

女が足元に立っているのが、机の下から見える。

そして女が布団の周りを歩き出したが……机の前で立ち止まった。

作戦が成功して机が邪魔で歩けないようだ。

先輩は机の下で「勝った」とほくそ笑んだが、女がその場でゆっくりと膝を曲げている。

と思ったら、グッググググッと、机の下に上半身を突っ込んできた。

目の前に女の顔が迫ってきた。女の髪が顔に覆い被さる。

蒼白な顔に見開いた目。

目玉は黒一色で白い部分が無かったという。

悲鳴を上げると金縛りが解け、慌てて身体を起こした拍子に強かに頭を机の裏に打ちつけた。痛さで転げ回る先輩に、女が嗤《わら》う声が聞こえていたという。

「……売られた喧嘩を買ったよ」

次の日の夜は部屋の真ん中に布団を敷いて女を待った。

眠っているふりをしていると突然金縛りになり、女が枕元に現れる。

「気合で金縛りを解く自信があったんだよ」

丹田《たんでん》に息を送り込む。空手独自の呼吸法「息吹」で金縛りが解けた。

叫びながら立ち上がると、女の顔面に正拳突き。

あっ！　と驚いた表情で女は弾けるように消えた。

「一発かましてやったら幽霊は出なくなったぞ！」

そう言った先輩に私は感動した。凄いぞ先輩！　幽霊に勝ったのか！

「大変だった課題も今週で終われそうだ。来週から練習に出るから頑張ろうぜ！」と先輩は食堂から出て行った。威風堂々とした後ろ姿がカッコ良かった。

しかし先輩は約束の練習には来なかった。

げっそりとやつれた先輩を食堂で見かけたのはその三週間後だった。

「押忍！」と挨拶をするやいなや「先輩！　幽霊どうなりました？」と訊いた。

こんな姿になっているのは、あの幽霊が関係しているとしか考えられない。

「幽霊か……。あれは参ったよ」

先輩は疲れ切った様子で話し出した。

女の幽霊を正拳突きで蹴散らした一週間後の夜のことだったという。

「熟睡していたんだよ」

仰向けの状態で寝ていた先輩は、突然目を覚ました。

身体が動かない。いつもの金縛りだ。

丹田に息を送り込む……が、解けない。身体が動かない。

首がぐっと自分の足元を見るように曲がった。自分の意思ではなく、何らかの力がかかっている。無理な体勢で首を曲げられているので呼吸が苦しくなってきた。

その時、足元から紫色の霧が湧き上がってくるのが見えた。

霧の向こうから、大勢の男達がお経を読む諷経《ふうぎん》が響いてくる。

部屋の空気が諷経の振動で揺れた。

足元の数十センチ上にある霧の中から、ゆっくりと赤色の丸いものが出てきた。

初めは何かわからなかったが、此方に向かって突き出てくると、それが綺麗に剃り上げられた頭頂部だと判《わか》った。

頭頂部はグルンと上に返る。

赤鬼のように真っ赤な形相をした男だ。

紫の霧の中からゆっくりと頭から肩と……胸のあたりまで出てきた。

赤い坊主は、仰向けで金縛りになっている先輩の体の上を顔に向かって空中を平行に移動しながら迫って来る。

眉間に深いシワを作り、睨みつける目からは強烈な殺意を感じた。

殺される。

このままでは顔と顔が……。

目の前数センチのところで坊主の顔が弾けた。

「目の前で爆発したんだよ」

そこからの記憶がないという。

恐ろしい。先輩がやつれるのも無理がない。

「俺、あのアパートから出るよ」

「押忍！　幽霊に命を取られる前にできるだけ早く出たほうがいいですよ」

「……幽霊？　スターボーズね」

映画『スターウォーズエピソードⅣ』の冒頭に、煽りで巨大宇宙戦艦が飛んでくるシーンがある。あの映画のように、坊主が足もとから飛んできたので「スターボーズ」と名付けた。

「気絶から目覚めたら映画のシーンを思い出して笑ったよ」

幽霊はその後も出たが、お互いが干渉せず無視しあうことで共存できるようなったという。

とすると、先輩をやつれさせ、部屋から出る決断をさせた理由とは？

理由は彼女に振られたから……だった。

しばらくして先輩は実家から大学に通うようになった。

長方形の船

夏菜子は昨年にガンで逝去した叔母の夢を見た。

暗い水の上に浮かぶ、畳ぐらいの大きさの長方形の船に乗った叔母を上空から見ている夢だ。

叔母は上空にいる夏菜子に向かって叫んでいた。

「早く助けてよ！　水は冷たい！　沈んじゃうから早く助けてよ！」

三夜続けて同じ夢を見たという。

夫に夢の話をすると、日曜日に家族でお墓参りに行くことになった。

渋滞にも巻き込まれず二時間ばかりで叔母が眠る墓地に着いた。

天候にも恵まれ墓地は清々しい。

お花と掃除道具を持って墓地に入る。

叔母が眠る墓には、叔母の両親と叔母の姉二人の遺骨も安置されている。

墓には違和感があった。

前に立つと違和感の理由はすぐにわかった。

墓石が微妙にズレているのだ。

骨壷を入れる納骨室が隙間から見えていた。

覗き込むと水面が見えた。

雨水が溜まったようだ。

鍵がかかっていない納骨室を開けると、骨壷は泥水の中に水没して見えなくなっていた。

墓を管理している叔母の娘に連絡を入れる。

とりあえず家族総出で溜まっている水を掻き出した。

二十分程で水は無くなった。

中を乾燥させるために、暫くは納骨室をこのままにしておくことにした。


夏菜子は納骨室を開けた時に気になる物があった。

水面にプカプカと蓋が閉じられたタッパーが浮いていた。

まずは水を掻き出すため、中を見ずに墓石の横に置いていたが、何が入っているかは予想できていた。

やはりタッパーの中には遺骨があった。


暫くすると叔母の娘が到着したが、あまりの変貌に夏菜子は驚いた。

薄汚れたジャージ姿でボサボサの髪。

無表情で夏菜子に墓の鍵を渡した。

精神を病んでいるのがひと目でわかった。

彼女は叔母の遺骨をタッパーに入れたのは自分だという。

理由を尋ねると支離滅裂で要領を得なかった。


納骨室を開けて最初に目に飛び込んできた水の上に浮かぶ叔母の遺骨が入ったタッパー。

あの夢で見たのはこの風景だと理解できた。

長方形の船は、上から見たタッパーなのだ。

今でも墓の管理は叔母の娘がしているという。

人形屋敷

薩摩は高校二年生。

友人の悠斗は同じクラスの同級生である。

悠斗は東京・調布の地主の息子で、自宅の敷地には新築の屋敷と木造の古い屋敷が建っていた。

蔵も三つある。

両親と妹は新築の屋敷に住み、悠斗と彼の祖母が古い屋敷に住んでいた。

「悠斗が住んでいる旧家に泊まることになったんです」

家に上がるとカビ臭いにおいがした。

照明器具は後から設置したらしく、木造の旧家には場違いな物が付いている。

長い木造の廊下は、薄暗い空間を所々に作り、何とも言えない陰気さがある。

旧家には和室が六部屋あるが、二部屋しか使ってはいなかった。

「悠斗の部屋の隣がおばあさんの部屋でした。おばあさんの部屋の扉が開いていたから何の気なしに室内を見たんですよ」

声を上げそうになった。

室内が異常なのだ。

数百体はあろうかという無数の人形達が無造作に並べられている。

市松人形やフランス人形など、大小様々な人形達が部屋一面に置かれている。

部屋の真ん中には人形に囲まれて、悠斗の祖母が、こちらに背中を向けて正座をしていた。

「お前のおばあさんて人形マニアなの？」

「ああ……気持ち悪いだろう」

いつから集め出したのかは正確にはわからないが、気づいたときには人形達で部屋の中は溢れていたという。

「買ったものもあるんだけど。拾ってくるんだよな」

夜も更け、雨が降り出した。

悠斗とこっそりと持ち込んだお酒を飲んでいると、隣の部屋から会話をしている声が聞こえてきた。

「あらあら、貴女また虐められちゃったの？　可哀相に、ビショビショじゃない？」

壁が薄いので声はよく聞こる。

「おばあさん誰と喋ってるの？」

「人形だよ」

「マジで？」

「俺もよくわからんけど、人形にも人形から虐められやすい奴がいてさ、服を破かれたり、棚から落とされたり、外に投げ出されたり、酷いときには手足をもがれたりするんだと」

身体をバラバラにされた人形が、廊下に転がっていたことがあったという。

「やめてくれよ気味が悪い」

「ホントかどうかは別として、お袋は気味悪がってバアチャンをこの家に移動させたんだよ。親父はボケたと思ってさ、俺に監視させてるんだよ」

だから、祖母と隣り合わせに部屋を使っているという。

壁の向こうから聞こえる、人形と話している老婆の声は不気味だった。

それから一時間もすると酔いが回ってきたこともあり、友人の部屋にあるG・I・ジョーとガンダムを隣の人形部屋に送り込んで応戦させようなどと言って盛り上がっていた。

「お隣はうるさいですね」

「きらい！」

「あらあら、そんなこと言ったらだめです」

壁の向こうでは人形との二役で会話をしている。

「おばあさんが怒って下手な腹話術を始めたぞ」

友人は笑いながらガンダムのプラモデルを手に持ち壁に向かって「ボク、ダブルゼータ！」と、裏声で悪ふざけを始めた。

さらに、G・I・ジョーの人形を壁際に並べ「第二十三連隊！　人形の館を奇襲します！」と叫んだ。

壁の向こうからは、悠斗の祖母が下手な声色で「うるさいですね！」と人形になりきり罵声を浴びせてくる。

薩摩は可笑しくなり大爆笑した。

突然だった。

「オイッッッッッッ！！！」

隣の部屋から野太い男の怒鳴り声が響いてきた。

悠斗は顔面蒼白になっている。

「お父さん？」

高校生なのに酒を飲んでいるのがバレたんだと焦った。

「オヤジじゃない」

悠斗が震える声でつぶやいた。

「お前らうるさいんだよ！」

再び男の怒鳴り声が壁の向こうから聞こえた。

続いて若い女の声で、

「大きな声出さないの！」

次は子供の声で、

「キライ！　キライ！　キライ！　キライ！　キライ！　キライ！　キライ！　キライ！」

祖母ひとりが声色を使い分けて叫んでいるとは到底思えない。

全て別人の声だ。

「マジ？」

「ヤバくない？」

「表に出ようぜ」

二人は新館の方に逃げた。

「なあ、お前のおばあさんってプロ？」

「そんなわけねーだろ」

薩摩と悠斗は旧家には戻れず、新館のリビングで朝を迎えた。

その後も旧家で悠斗は、真夜中に大勢の話し声で目が覚めたり、朝起きると廊下や別の部屋に人形が散乱していたりすることが何度もあったそうだ。

旧家には居たくないので、オヤジに相談をしているという。

ごみやしき

美月から聞いた話。

彼女は短大を卒業して不動産屋に就職をした。

それを機に、東京で一人暮らしを始めて三ヶ月が経った。

出社するとまずやることがあるという。

「スーパーマーケットやコンビニにある無料の不動産情報誌を集めてくるんです」

タイムカードを押して席には着かず、不動産情報誌を集めに行く。

「情報誌を見てね、売りになりそうな物件をピックアップします」

午前中にピックアップした物件の一覧表を社長に提出すると、お昼過ぎにはその物件のオーナーの住所と電話番号が記入されて席に戻ってくる。

個人情報をどうやって調べているのか興味があったが、教えてもらえなかった。

持ち主にアポを取り、自社に物件の契約をさせてもらう。

そんな物件は客寄せになる。

他社からかすめるようで初めは後ろめたさがあったが、二ヶ月を過ぎたあたりからは考えなくなった。

その日、社長にピックアップした一覧表を見せると、ある一軒家の賃貸物件の契約をするように命じられた。

その物件は駅から徒歩五分なのに破格の家賃である。

「入社して三ヶ月が経ったから、仕事を覚えるために契約を最後までやってみろって」

流石に一人では無理なので、三年先輩の田中と一緒に進めることになった。

物件のオーナーに彼女が電話を入れる。

「吉田という名の、感じの良い女性がオーナーさんでね。二年前にご主人が亡くなられて、息子さんも結婚して別の場所で暮らしているから、もう少し狭い部屋に住みたいって」

賃貸でなく家を売ってもいいという。破格な値段を提示してきた。

田中に報告すると、すぐにオーナーさんにアポを取って物件を見に行くことになった。

「夕方の三時にお伺いすると約束をしたんですが、着いたら驚きました」

ゴミ屋敷だった。

家を仕切る壁の向こう側には、ゴミがバリケードの如く積み上げられている。

どうしたものかと田中を見ると、

「これは辛いなと苦笑いして。アポ取ってるから話だけは聞いていこうって」

ゴミを避けながら歩き、玄関前でチャイムを鳴らす。

チャイムは壊れていた。扉を見ると靴が挟まり、少しだけ開いている。

チェーンは掛かっていないようだ。

「こんにちは。吉田様はご在宅ですか？　富川不動産です！」

大きな声で挨拶をしながら扉を開ける。

ナマモノが腐った悪臭と廊下に散乱するゴミの山が目に入ってきた。

一階には、リビングと部屋が二つあるようだ。

廊下の奥には二階に上る階段が見えていた。

美月はゴミの山よりも別のモノを凝視していた。

ひとりの老婆が廊下にびっしりと積み上げられたゴミの上に正座をしているのだ。

「ねずみ色の浴衣を着ていてね。下を向いているから表情はわからないんだけど。異常なんです」

今しがた水の中から出てきたばかりのように、全身が濡れていた。

白い髪の毛から水滴が伝い、その水滴がポトポトとゴミの上に落ちている。

美月は異様な光景に思考が停止して、身体が固まった。

「吉田様！　富川不動産の田中です！　お約束した時間に参りました！　……誰も居ないようだね」

田中には老婆が見えていないようだ。

「私には普通に見えているのに……。田中さんに確認するのが怖くなって」

美月にははっきりと、数メートル先に老婆が水滴を垂らしながら、微動だにせず正座をしている姿が見えている。

二階から「はい！」と大声で女が返事をした。

扉を激しく開ける音とともに、足音をどすどすと響かせながら女が階段を下りてきた。

「汚いサザエさんのような女性でした」

女は足元にあるゴミを蹴散らしながら階段を下りてくる。

「正座している老婆が、ゴミの山から落ちたんです。そして――」

まるで床が抜けたように、消えた。

ほんのしばらくして、池の中に大きな石を落としたような音が響いた。

女は、老婆がいた場所のゴミを蹴散らし、二人の前で仁王立ちになった。

「その女性が電話で話したオーナーさん。電話で話した時は問題なかったのに。支離滅裂でコミュニケーションがまったく取れなくて」

美月は消えた老婆の件でも混乱しているところに、オーナー女性との会話不能状態に対応できず、泣きそうになったという。

「田中さんがなんとか対応してくれたので、帰ることができたんです」

社長に、ゴミ屋敷だったこととオーナーの状態を報告すると、それは難しいなと苦笑いした。ただ今後の練習にはなるので、契約までの流れを田中に教えてもらい進めろと言われた。

次の日。

田中が無断欠勤した。携帯は呼び出し音はするのだが出ない。

メッセージを入れたが連絡は無く、帰宅時間になった。

その次の日。

社長に呼ばれた。

田中は独身で一人暮らし、心配なので今から人事部の佐藤と彼が住むマンションに見に行ってくれないかという。

「もし不測の事態が起こっていそうなら、部屋に入らず直ぐに会社に電話するようにって」

美月は、不測の事態とはどういう状態なのかを想像すると怖くなり、本当は行きたくなかった。

準備をしていると病院から会社に電話が入った。

田中が昨夜から入院しているという。ホッとしたものの、

「私が病院に行くことになりました」

様子を見に行くと、六人部屋の入口横のベッドで頭に包帯を巻いた田中が座っていた。

「昨夜救急車で運ばれたんだよ。酔っ払って自転車でコケて自爆だよ。頭をしたたかアスファルトにぶつけたみたいで。気がついたら病院なわけ」

「前の日にどうして無断欠勤されたのですか？　皆さんが心配されてましたよ」

美月がそう訊くと、田中は初めは話したくないような表情をしていたが……。

「変な夢を見てさ」

田中は、夢だと確認するようにもう一度呟いた。

「……夢なんだけど。身体が動かないんだよ」

仰向けで寝ていた田中の腹に、天井から大きな塊が落ちてきたという。衝撃も重さも感じなかったが、それが老婆だと理解した途端に、少しずつ重さが増してきた。

腹の上で老婆が正座をしているのだ。

恐ろしくなり目を瞑《つむ》った。

どんどん重くなっていく。恐怖と息苦しさで意識が遠のいてきた。

腹の上で正座している老婆の重さが消える。

頭の遥か下で水しぶきが聞こえたという。

そのまま気を失った。

「朝起きたら身体がだるくて会社に行きたくなくて。電話する気はあったんだけど、ずるずる時間が経って夜になって。気分を変えようと飲みに行ったらね。途中から記憶が無くて……。病院なんだよな」

ベッドサイドにあるキャビネットから何か取り出して美月に見せた。

腕時計。そのガラスはひび割れ、時計は止まっていた。

転倒した時に壊れたという。

「時間が二時十五分になってるだろう」

「それがどうかされたんですか？」

「俺の腹の上で老婆が正座している夢を見たときにね。老婆越しに、壁にかけてあるデジタル時計が見えたんだ。……二時十五分だったよ」

関連性はよくわからないが気味が悪いという。
美月は、「それはきっと夢ではない」とは言えなかった。
そしてあのゴミ屋敷で見た老婆のことは話せなかった。
なぜ田中の前に現れたのかはわからないが関係があるとしか思えなかった。
会社に戻ると、社長と人事に田中の容態を報告し帰宅した。

その日の夜。
悶々として眠れなかった。目覚まし時計を見ると二時十五分。
あっと声をあげると仰向けの状態で金縛りになった。
天井に野球のボールぐらいの黒く丸い穴が空いていた。
穴が大きくなってくる。穴の向こうには闇が広がっていた。
闇の奥から黒い塊が落ちてくるのが見えた。
それが何か確認出来る前に、美月はあの老婆だと理解した。
見たくないので眼を瞑った。腹の上に軽い衝撃があった。
この感触……。腹の上で老婆が正座をしている。
見ない！　絶対見たくない！

腹の上で正座している老婆が重くなってきた。
顔にポタポタと、何か落ちてくる。
水滴だ。
老婆が顔を覗き込んでいるので水滴が顔に落ちてくるのだと理解した。
怖い。怖い。怖い。
美月の顔から耳元を伝ってベッドへ水滴が垂れていく。
何があっても目だけは絶対開けたくない。
数センチ手前に老婆の顔があるのだ。
「……ぐぶっくぐぶっっぶ」
それは水の中で何か喋っているようだった。
「ぐぶ……」
言葉が少しずつだが、はっきりとしてきた。
「……ぐるな。ぐるな。来るな」
何度も何度も老婆は「来るな」と呟いた。
腹の上が軽くなった。頭の下から水しぶきが聞こえて金縛りが解けた。
室内の電気をすべて点けて、まんじりともせずに朝を迎えた。

「あの物件には関わっては駄目なんだとわかりました」

会社に「母親が倒れたので休ませてください」と嘘の電話をして有休を取った。

あの物件からは少しでも離れたかったので四国の実家に帰った。


三日後。社長から電話があった。

母親を心配しての電話だったので後ろめたさが湧いてきた。

ただ電話をしてきた理由がもう一つあった。

あの物件の契約はどうなっているかと言うのだ。

昨夜あの物件が火事で全焼した。怪我人はいなかったが、あの女性オーナーから意味不明の電話が掛かってくるので確認したいという。

「契約は進めていませんし話を聞いただけです」

と答えると社長は、関係がないなと安心したようだ。

美月もこれで縁が切れたと安堵した。

後日知ることになるのだが、あの物件の焼け跡から井戸が見つかったそうだ。

井戸があったのは、あの老婆が正座していた場所だという。

らくがき

Wは廃墟マニアの女性である。

「廃墟には一人で行くことのほうが多いのですが、その廃墟ホテルは友人の男性が運転する車で行きました」

山の斜面に建てられたホテルは増設に増設を重ね、内部は巨大な迷路のようになっているという。迷うと危険なので、廃墟マニア歴がWより長い友人の判断で、昼間に行くことになった。

車で山道を走っていると窓から廃墟ホテルが見えてきた。山に這うように建てられている巨大な廃墟ホテルは全盛期には年間十万人もの観光客が訪れたとの話が信じられる規模だ。

無駄に広いフロントから客室が並ぶ廊下に入る。右側には窓が、左側には客室が並んでいた。心無い訪問者達に窓ガラスは叩き割られ、そこから吹き込んだ雨風で壁も廊下も激しく劣化している。廊下の赤い絨毯には破壊された窓ガラスの破片が散乱していた。怪我をしないように足元を気にしながら歩いていると扉が閉まった部屋の中から奇妙な音が聞こえてきた。

ヴィィーンという低い機械音のようにも聞こえる。Wは木製の扉前に立つと機械音に混じって不思議な音にも気付いたという。

「ポップコーンの弾ける音がね。部屋の中から聞こえてくるの」

扉を開けようとすると友人が「ちょっと待って」とWを制止した。

「ホテルの外に出て窓から中を覗こう」

「なんで?」と思ったWだが、友人は理由を説明せず無言でフロントの方に歩き出したので渋々付いていくことにした。裏庭から壁沿いに背丈まで伸びた雑草を掻き分けながら進む。建物の裏に回ってその部屋の窓のところに来た。

窓ガラスは砂埃で曇り、室内が良く見えなかった。室内からはポップコーンが次々に弾ける音と空気を振動させていた機械音が無数に増えている。

廃墟の部屋でポップコーンを作ってるとは考えられないが、中を覗いてみようとWは軍手でガラスを拭いた。窓ガラスは部屋の中からも黒く汚れていてよく見えなかった。

友人が横から窓ガラスを平手で叩いた。一瞬でガラスは薄汚れた透明になった。それを見てWも音の主が何かわかり、部屋の中の様子が予想できたという。

薄暗い部屋の中を覗くと中央には布団が敷かれていた。布団の上には黒く横たわるモノがある。溶けた、人だったモノが眠っていた。

「ハエがガラスや壁に死にものぐるいで激突しててね。ポップコーンが弾ける音を作っていたんです」

無数のハエが窓ガラスに群がってきた。室内は無数のハエで再び見えなくなった。

廃墟探索が上級者の友人は、経験から「ポップコーンが弾ける音」がどういう状態の音かをわかっていたのだ。遺体があることを予想して扉を開けさせなかったのだ。


Wは幽霊よりも、死体の発見や廃墟の住民との遭遇が怖いという。

ある廃墟で部屋の扉を開けると部屋の真ん中に仁王立ちの男がいた。右手には斧が握られている。その斧男に追いかけられ、命からがら逃げだしたことがあった。

そして、怖いと思うことがもう一つある。それが「落書き」である。

廃墟には多くの落書きがある。

「●●参上！」といった名前が書かれたものや、卑猥な言葉や絵を描いた深い意味のないものが殆どだが、廃墟に訪れた訪問者たちへ何かを伝える為に書かれたメッセージにはドス黒いパワーを感じるものがあり怖いという。

茨城県の、ある廃墟の一室には、壁一面に長編と思わしき小説が書かれていた。妊婦をレイプするという酷い内容で、壁を真っ黒に染めるほどの大量の文字の羅列が発する書き手の黒い情念のエネルギーに圧倒され、気味が悪かったという。

また、ある新興宗教施設跡の廃墟にある地下室の壁には「がんばれ」「やるぞ」「負けない」などの信者達の叱咤激励の言葉がびっしりと書かれていた。

窓もない闇の地下室で、自らこの場所に身を置いたであろう人たちの信仰へのエネルギーを感じて暗い気持ちになったという。

「怪談も話したほうがいいですよね」

とWが言った。

「新潟の友人から怖い話を聞きました。地元では有名な話らしいです」

新潟県にある漁師小屋の廃墟に、義雄《よしお》と和泉《いずみ》のカップルが真夜中に肝試しに行ったという。漁師小屋は木造の平屋で中は体育館のように広い。いつ崩れてもおかしくないほど荒廃しているので、足元をライトで照らしながら注意して中を探索していた。

奥の壁に扉があり、開けると六畳間の和室があった。室内には何も置かれていない畳の部屋だ。窓がない部屋はまるで座敷牢のようだ。

和泉は和室に足を踏み入れた途端、「お腹が痛い」と急にしゃがみ込んだ。身体を丸くして、お腹が痛くて動けないと呻いている。

義雄は足元を照らしていたので気づかなかったのだが、和泉がしゃがみこんでいるすぐ前にある壁にライトを向けると、そこに大きな絵が描かれていた。

裸の妊婦の絵である。しかも、腹に包丁が突き刺さっている。

絵は黒マジックで描かれているが、腹に刺さった包丁から流れる血だけが赤黒い粘液のようなもので塗られていた。

うずくまりながらも顔を上げた和泉だったが、その絵を見た途端気を失った。

義雄はその場から携帯電話で友人に助けを求め、なんとか和泉と共に廃墟から逃げ出したという。

しかし、その日を境に和泉の様子がおかしくなってしまった。

会話が支離滅裂になり理解できない。

お腹が妊婦のように大きくなってきた。

腹腔内に粘液がたまる腹膜偽粘液腫という病気で、入院をすることになる。治療を終え退院すると、人格が全く別人になっていた。和泉は不特定多数の異性と常に関係を持つようになり「東京に行く」と書き置きを残して行方不明になった。

話してくれた友人はあの妊婦の絵が関係しているとしか思えないという。

「でね。私も廃墟で妊婦が惨殺されている絵を見てるんですよ」

Wが絵を見たのは長野県にある地元では有名なラブホテルの廃墟だという。

一階が駐車場になっており脇にある階段で二階に上がると部屋に入れる造りになっている。その形式で造られた部屋が横に七部屋並んだラブホテルだ。

室内は肝試しに来た若者達に荒らされているが、廃墟になる前は一見豪華に見えるが趣味の悪い装飾で飾られていた面影がある。

その廃墟には、裸の妊婦がレイプされたり惨殺されている絵がホテルの至るところに描かれていた。

新潟県の廃墟にある妊婦の腹に包丁が刺さった同じ様な絵もいくつかあった。

絵を描いた主から妊婦に対するドス黒い欲望と憎しみを感じて怖くなったという。

「興味深いのが、その中の一つなんですよ」

両手をバンザイするように上げた裸の妊婦を横から描いた絵だ。

首と脇から赤い血が流れている。絵の横には売春の相手を探している妊婦の卑猥な文言があり、その下に電話番号と女の名前が書かれていたという。

電話番号が「0258-×××-××××」

「0258」は新潟県の市外局番である。

そして女の名前はカタカナで『イズミ』。

長野県の廃墟と新潟県の廃墟にある、同じような妊婦の惨殺絵。

同じ人間が描いたものだろうか……。

それとも……。

Wは来週、自殺者が集まると噂されるホテルの廃墟に一人で行くので何かあったらまた話しますねと笑った。

天狗倒し

平成十三年（二〇〇一年）六月二十日。殺人事件があった。

三人の少年が、呼び出した友人が来ないことに腹を立て、彼らの前を歩いていた見ず知らずの男性を金属バットで殴打して殺害した陰惨な事件である。

少年達は被害者の遺体を千葉県船橋市の深い森の中にある『白幡《しらはた》神社』の鳥居横に遺棄した。

三人は未成年だったが平成十七年（二〇〇五年）に無期懲役判決が確定している。

事件前から『白幡神社』は心霊スポットとして『だるま神社』の通称で知られていた。だるまを使って呪術をしていたとか、女の生首が飛ぶなどの噂が語られているが真意の程はわからない。

事件の後は全国的に心霊スポットとして有名になり、心無い若者達に本殿は荒らされて酷い状態になっていた。

私は実話怪談の蒐集歴二十年以上になるが心霊スポットと呼ばれる場所には数回しか行ったことがない。他人が恐怖した体験談には興味があるが、自分が恐怖する体験には興味がないからである。

ただ、霊の存在を確かめたい。

第三者には証明する事ができなくてもいいので私が納得できる「霊の存在」を証明できる「証拠」を得たい欲望が日々大きくなっていた。

不謹慎だがどうしても深夜の「だるま神社」に行きたかった。

何かを撮影できる予感のようなものがあるのだ。

「だるま神社」で『交霊実験』を試みたかったのだ。


平成二十八年（二〇一六年）十月七日の深夜。

「だるま神社」に行くことになった。

メンバーは運転及びナビゲーターの最終京王線なる人物。怪談師の星野しづく。怪談師の千山那々《ちやまなな》。そして私の四人。

数ヶ所の心霊スポットを検証し最後に「だるま神社」へと向かった。

深い森の闇の中にその神社はあった。

石で造られた鳥居が鎮座した闇の奥に本殿がある。

鳥居は神域と人間が住む俗界を区画する門である。

本殿には夜になると神とは違う者達が集まるとも言われている。

鳥居から見える参道の奥にある闇は、入ることを躊躇させる迫力があった。

ここで「だるまさんが転んだ」をやるとウケるだろうなぁ……という不謹慎な考えは一発で吹き飛ばされた。

テンションは恐怖でマックス。

私はビデオカメラを構え鳥居の前に立った。

潜れない。

正直ビビった。

躊躇している私の横を風のように通り抜けて千山那々が平気で入っていく。

さすが心霊スポット大好き女史。心強い。

千山は鳥居の真ん中に一旦戻ると両手を広げて何かを確認している。

「鳥居の中と外の空気が違うよね」

鳥居を潜ると空気が違っていることが私にもわかった。

鳥居は神域と俗界を区画する結界だとも言われているが、それを五感以外で理解できる貴重な体験だった。

空気という曖昧な言葉でしか説明できないが違いはわかる。

鳥居の外では感じていたネバネバした重い空気が無くなっていた。

鳥居を潜り闇の中に続く参道を数分間歩くと神社の本殿があった。

畳半畳ぐらいの広さで屋根がある小さな本殿だ。


「本殿にスターウォーズのチューバッカの首がおいてあってさ。酷かったんだよな」

京王と星野が数年前に訪れた頃は本殿が荒らされていたという。

今は地元の有志達によって綺麗に片付けられていた。

「だから前と比べて空気が良くなったのかな」

星野が綺麗に掃除された本殿を見ながら納得をしていた。

私は本殿に参拝し、不謹慎な考えがあったことを謝罪した。

神社は「夜は神様がいない時間である」とか「夜は別のモノ」がいるので夕方や夜には参拝すべきでないとも言われている。

しかし今回はこの時間にこの場所にいるわけだから、今本殿におられる神様に参拝することにしたのだ。

祟り障りの類が降りかかりませんように、すみませんでしたと心から謝罪をした。

数ヶ月前に最終京王線が、お社から少し離れた場所で不思議な写真を撮った。

二人の男性を撮影した画像には無数のオーブが撮影されていた。

デジタルカメラが主流になりオーブと呼ばれる光の粒がよく撮影されるようになった。

玉響現象とも呼ばれ空中に舞う雨粒やホコリが小さな光球で撮影される。メカニズムを説明できる現象なので全てが心霊的なものとは言えない。

この写真の興味深いところは、別人を撮影した一枚目にはオーブが数個しか撮影されていない。

しかし直後に撮影した写真には、二人の男性を覆い隠さんばかりにオーブ達が踊り狂っているのだ。

ちなみにその二人は著名な怪談家と著名な怪談蒐集家である。

怪異と怪談を愛して止まない変態……いや、素敵な二人なのでオーブも嬉しかったのだろうか。

その現場で『交霊実験』をすることにした。

私はビデオカメラを右手に持ちオーブ群が撮影された森の中に一人で入っていった。

森の中にカメラを向ける。

そして闇に向かって語りかけた。

「もし何らかの霊体が私の前にいるのならメッセージをください。私は貴方を上にあげたり、祓うようなことは出来ません。だけど、撮影をしていますので貴方のメッセージを多くの人に伝えることは出来ます。よろしければ何かメッセージをお願いします」

沈黙……。何も起こらなかった。

動画や画像を確認したが怪異な現象は何も撮影されてはいなかった。

こんな簡単に交霊実験が成功するわけがないかと諦めて帰ろうとすると……。

鳥居の方から気配を感じた。


懐中電灯の光が一つ、ちらちらと揺れていた。

こんな時間に誰かが来る。

我々と同じような趣味を持つ心霊スポットマニアに興味が湧いた。

しかし此処は遺体遺棄事件があった場所だ。

ヤバい奴の可能性もある。冷静に考えたら霊より人間のほうが怖い。

それは、二十代後半に見える男女のカップルだった。

我々と同じ心霊スポットマニアだとわかると、登山中に見知らぬ登山者と挨拶を交わすように「こんばんは！」と自然に挨拶をしていた。

会話は一番怖かった場所と体験談になった。

見知らぬ者同士が深夜のだるま神社の境内で怪談を語り合う。

冷静に考えるとかなり危ない集団だ。

男性は関東近辺の有名な心霊スポットをほぼ制覇しているという。

「今まで一番怖かった場所はどこですか？」

との質問に、千葉にある某ダム湖が怖かったと答えた。

即座に最終京王線が反応し、私もあそこは怖かったと頷いた。

「廃墟で怖い体験とかありましたか？」

百ヶ所近く巡っているが一度だけ恐怖体験をしたという。

彼は男性五人で千葉県の油井《ゆい》にある廃墟ホテルに行った。

平成十六年（二〇〇四年）十二月二十二日。

少年五人が見ず知らずの二人の女性を拉致し内一人を殺害した。

遺体を廃ホテルにあった冷蔵庫の中に遺棄した。

平成十七年（二〇〇五年）に主犯格の二人には無期懲役の判決が確定している。

そこは事件前から地元では『ホテル活魚』として有名な廃墟である。

事件当時は、マスコミに廃墟や心霊スポットを紹介したサイトが事件との関係性を無理やりこじつけられ、無関係のサイトが叩かれた。

「活魚に行くのは二度目だったんですよ」

なので、今回は一人ずつ廃墟に入ることにしたという。

二階の奥の部屋へ一人で行って戻ってくることになった。

時刻は深夜。

五人はジャンケンで順番を決めた。彼は三番目になった。

懐中電灯を持ち一人目が廃墟に入る。

廃墟ホテルの前で待つ四人。

二階の割れたガラス窓から懐中電灯の光がちらちらと見える。

十分後に一人目が帰ってきた。二人目が入っていく。

しかし二十分を過ぎても帰ってこなかった。

三十分が過ぎた。

「床が抜けて落ちたんじゃないかと心配になって」

携帯に電話をしたという。

出ない。しかし、微かに着信音が廃墟内から聞こえている。

「見に行かないとヤバいってことになってね」

彼と最初に入った友人と二人で入ることになる。

ホテル内は荒らされ廊下の壁には無数の落書きがされている。

天井板が破れそこには闇が広がっている。

「携帯鳴らしたら。廊下の先から微かに着信音が聞こえて。だけど直ぐに着信音が切れた」

名前を呼ぶが返事はない。

「事故の可能性を考えて焦ったよ」

名前を叫びながら着信音が鳴っていたと思われる部屋に向かって歩いていった。

二階奥の扉が開いている部屋から男性の呟く声が聞こえてきたという。

戻ってこない友人の声だ。

「初めは携帯で誰かと話しているのかと。だけど部屋は真っ暗なんだよ」

荒れた客室の暗闇の中に友人は、こちらに背を向けて立っていた。

背を向けている友人は右腕を前方に伸ばして動かしている。

「お前何してんのと、懐中電灯の明かりを当てたら」

誰もいない壁に向かって右腕を上下させながら叫んだ。

「じゃんけんぽん！　……あいこでしょ！　じゃんけんぽん！」

何度も何度も、誰もいない壁に向かってじゃんけんをしているのだ。

一緒に来た友人が「俺は駄目だ」と叫んで逃げた。

彼も逃げたかったがそうも行かない。

「何やってんだよ！」

友人は無言になると右腕をだらりと下ろした。

ゆっくりと振り向く。表情がなく夢遊病者のように見えた。

「……じゃんけんの勝負がつかなくてよ」

「何バカなことを言ってるんだ！　帰るぞ！！」

友人の腕を掴み、無理やり部屋から引きずりだした。

抵抗することもなくフラフラと、彼に引きずられるように歩き廃墟から出たという。

「あいつは帰宅中の車内で小一時間ほどイビキをかいて眠ってさ、廃墟で何があったのか訊いても記憶がないんだ」

実に素敵な実話怪談を聞くことが出来た。

本来なら良質の実話怪談を聞けたので感動するのだが……。私は彼が体験談を話しているときに起こった現象に気を取られて話に集中できなかった。

それは話の中盤で突然起こった。

カッン!!

斧を大木に一太刀したような音だ。耳に突き刺さるように響いた。

「怖い!」

星野が即座に反応した。

私も大きな音に驚いた。

しかし他の四人は無反応だ。普通に会話を続けているのだ。

私と星野以外には聞こえていないのだ。

私はその様子をビデオで撮影していたのだが、後日録画された動画を確認すると私と星野以外は音に反応していないことがわかる。

怪音は大きな音で録画されているのに、だ。

そして動画から新しい発見もあった。
私が無意識で呟いた言葉が録画されていたのだ。
星野が怖いと叫んだ後に――。

「怒っている」

私には呟いた記憶が無い。
この動画は『天狗倒し』としてフジテレビ系列の怪談番組で紹介された。
私のユーチューブ・チャンネルでも見ることが出来る。

リョウコ

渡部は社会人になって三年になる。中古マンションで一人暮らしをしている。
会社の同僚と酒を飲んで帰宅したのが真夜中。
シャワーも浴びずそのまま布団に潜って眠りについた。
まもなく息苦しくて目が覚めた。
仰向けの状態で身体が動かなかった。
「かなり飲んだから。急性アルコール中毒じゃないかと怖くなったよ」
枕元に人が立っていた。
裸の女だ。
二十代前半に見えるショートカットの無表情の女。
口元はゆるみ口が少し開いている。
渡部を見るのでもなく、無表情で正面を見つめていた。

「不思議なのが、暗闇なのに女が見えるんだ」

生きている人間ではない。

意識がハッキリしてくると全身が粟立った。

女がガタガタと痙攣をはじめた。

「厚みが無くなってきたんだ。空気が抜けていくようにペラペラに」

薄っぺらくなると襖《ふすま》を閉めている押入れの方にすうっと消えた。

身体が動くようになり、慌てて起き上がり照明をつける。

「怖いからテレビもつけたよ」

さすがに女が消えた押入れの襖を開ける勇気はなかったという。

まんじりともせず朝を迎えた。


次の日の夜も息苦しくて目が覚めると女が枕元に立っていた。

金縛りで動けない渡部を見るでもなく、ただただ口元がゆるんだ無表情の顔で正面を見つめていた。

渡部は女の顔に見覚えがあった。

あのだらしない口元……。

「リョウコだ」

リョウコとの想い出が走馬灯のように蘇った。

枕元に立っていたリョウコは薄っぺらくなると、襖と襖の隙間からすうっと押入れに入っていった。

飛び起きて押入れの襖を開けた。

「思い出したんだよ。奥にある段ボール箱を外に出してね」

ガムテープを剥がして段ボール箱を開けた。

リョウコがいた。

リョウコは折りたたまれて梱包されていた。


リョウコとは……渡部が初めてのボーナスで買ったラブドール。

商品名『等身大リアルエアドール清楚系リョウコ』。

空気を入れて膨らますダッチワイフである。

買った当時はお世話になっていたが、先輩と初めて行った風俗店で生身の女性の素晴らしさを知りリョウコはお払い箱になった。

廃棄するには可燃ゴミなのか不燃ゴミなのか粗大ゴミになるか……。

粗大ゴミなら清掃局に連絡する必要があり……。いろいろ考えていたら邪魔くさくなり押入れに片付けていたのだ。

そのリョウコが枕元に出た。


大切にしていた人形は魂が入る。と、昔の人は言っていたがラブドールにも魂が入るのか？

「意味わかんねえ」

だとしても何故、今頃になって枕元に立つんだ。

それに人間っぽく進化していたぞ。

「やっぱり意味わかんねえ」

考えれば考えるほど頭が混乱して朝を迎えた。

ダンボールごと自宅から離れた場所に捨てようかとも考えたが、曰く付きの人形は捨てても戻ってくるという話を聞いたことがある。

捨てられたラブドールのリョウコが歩いてマンションに戻ってくる姿を想像すると、いろんな意味で怖くなったので止めた。

都内で人形供養をしている神社をスマホで検索してみる。

検索された神社に電話を入れると、どんな人形ですか？　と質問をされた。
「ラブドールです」と正直に答えると、それは引き取れませんと電話を切られた。

渡部は夜になるのを待った。
リョウコを入れたダンボール箱をタクシーで運ぶ。
神社のお賽銭箱の横にダンボール箱ごと置いてきた。
「リョウコの供養をよろしくお願いします」
と、手紙と一万円を入れて。
その後、彼の枕元にリョウコが立つことは無かったという。

黒電話

「一度だけ怖い体験がありますよ」

若宮は大学生の頃、新宿区百人町に住んでいた。

ラブホテル街に若宮が住むアパートがあった。

今では韓国系のお洒落《しゃれ》な飲食店が立ち並ぶ観光地だが、数年前は大久保通りから百人町へと入る路地の左右にはラブホテルが建ち並ぶ盛り場だった。

夕方になるとアジア系の娼婦の女性達が立っている。

今では考えられないが、夜は危険で女性一人では歩けなかった。

「毎晩、罵声とか悲鳴とか聞こえてましたよ」

若宮は危うさを体感できるこの街が大好きだった。

三回生になった春。

アパートの部屋で寝ていると夢を見た。
部屋の真ん中で正座をしていたという。
夢の中の部屋は家具も荷物も現実と変わらない。
いつものと変わらない殺風景な部屋だ。
若宮は、これは夢の中だとわかったという。
「夢の中にひとつだけ、現実の部屋にはないものがあったんですよ」
それは黒電話。黒色の回転ダイヤル式電話機が目の前に置いてあった。
「実家にもあったな、なんて昔を思い出していたら」
ジリリリリリ。ジリリリリリ。
黒電話の着信ベル音が部屋に鳴り響いた。
びっくりして縮み上がる。
これは出ては駄目なやつだ。
ジリリリリリ。ジリリリリリ。
もう一人の自分が、電話に出ては駄目だと叫び続けていた。
意思に反して受話器を取ってしまう。
受話器を通して沢山の人間がザワザワと何かを喋っている声が聞こえてきた。

何を言っているのかは聞き取れないが、女性達が口々にゆっくりと何かを喋っている。

「気持ち悪くなって電話を切ろうとしたら――」

中年女性の声だったという。


「あ～なぁ～たのぉ～おばさま～は……。ろくがつ、みっかにぃ～。たおれて～……。むいかごに、死にます～」


歌舞伎役者が台詞を喋っているような、独特のスピードとテンポで女が言った。

戦慄が走り、飛び起きたという。

「暫くは恐怖で身体が動きませんでした」

先程まで夢の中でいたのと同じ部屋。

もちろん現実の世界には黒電話はない。

「おばさまというのが誰かわかったんです」

母の姉だ。

「だけど不思議なんですよ。母の姉は大きな病気なんて一度もしたことがない元気な女性なんです。なのにその叔母の顔が浮かんできたんですよ」

なので半信半疑だったという。

「六月三日まで、あと一ヶ月もなかったから凄く気になったんだけど。その日に倒れて死ぬから気をつけて、なんて叔母に言えないですよね」

母の姉は、六月三日にくも膜下出血で倒れた。

意識不明が六日続き、亡くなった。

予言は的中したのだ。

二十年以上前の話だが、死を予言する夢を見たのはあれが最初で最後だった。

「電話に出たときにね。沢山の人間がザワザワと何かを喋っている声が聞こえていたって話しましたよね」

若宮は現実の世界であのような電話を何度か受けたことがある。

「コールセンターと同じなんですよ」

目的はわからないが、毎晩彼女らは夢の中にある誰かの黒電話に電話をしているのではという。この世の受信者に、死のメッセージを伝えようとしているのだ。

もしかしたら誰にでも夢の中で『死を予言する』電話が掛かってきているのかもしれない。

起きた時には見た夢を忘れているだけで……。

くろいひと

朝から小雨が降っていた。

気が進まないが、今日の講義には出ないと単位を落とす可能性が高くなる。

傘をさして大学に向かって歩いた。

学生寮から大学までは徒歩で約二十分。

車が一台なんとか通れる広さのアスファルトの道を、無気力に歩く。

靴が濡れるのは嫌だな……。雨の日は憂鬱になる。

ここから五十メートルほど歩いた突き当たりに、病院のビルが建っている。

八階建ての総合病院の外壁に設置された鉄の非常階段が、綺麗なジグザグ模様を作っていた。

四階の非常口の扉が開くのが見えた。

勢いよく人が飛び出してくると非常階段を駆け上がる。

雨の中を傘もささずに非常階段を上っていく。

奇妙な格好をしていた。身体のシルエットがハッキリとわかりすぎるのだ。

まるで黒い全身タイツを着ているようだ。

黒く艶のある全身タイツを着た人が、非常階段を駆け上がっていく。

そう考えると滑稽で、思わず微笑んでしまった。

黒い人は八階の踊り場まで上り切った。

次の瞬間思考が停止した。

黒い人が踊り場から飛び降りたのだ。

頭から真っ逆さまに地上に向かってダイブした。

……あの高さから落ちたのでは死んだな。

幸いなことに病院のコンクリートブロック塀に遮断されて、黒い人の最期と悲惨な状態を見ずに済んだ。

人が死ぬ瞬間を目の当たりにしたのに実感が湧いてこない。

とりあえず警察に電話を……。

四階の非常口から黒い人が非常階段に飛び出すのが見えた。

駆け上がって行く。

五階、六階、七階、そして八階の踊り場に着くと、躊躇なく地面へとダイブした。
その瞬間、あれはこの世の者ではないと確信した。
また、四階の非常口から黒い人が非常階段に飛び出してきた。
五階、六階、七階、そして八階の踊り場に……。
黒い人は飛び降りなかった。踊り場の手すりに身体を密着させると手を振った。
右手を上げて、こちらに向かって必死で手を振っている。
視線が合う。
戦慄が走る。
あの黒い人は自分に手を振っているのだ。
踵を返し走った。とにかくここから少しでも離れようと走った。
後方から追いかけて来る足音に気づく。振り返って確認することは怖くて出来ない。
ビニール傘を捨てて走る。
足音は着実に自分へと近づいて来ている。
このままでは追いつかれる。だけど住んでいる場所は知られたくはない。
あの場所に逃げ込めばなんとかなるのでは、と思いついたという。
走る。必死に走る。

そして鳥居を潜った。
足音は聞こえなくなった。
振り向いても誰も居なかった。
雨に濡れながら境内でしばらく過ごした。
病院の非常階段が見えるあの道は二度と使わないことにした。

ぶた

秋田はサブカルチャーのイベントに行った。イベントが終わると打ち上げがあった。アンダーグラウンドな人達が集まる打ち上げには興味がある。客も参加可能なので参加をすることにした。

相席になった愛想が良い三十代の男性も客として見に来ていたという。

サブカルイベントの話題で盛り上がった。

男は名刺を出した。名刺には「ブタ」と書かれ、後は電話番号とメールアドレスの連絡先のみが記載されていた。

意味がわからなかった。

男は微笑みながら「私はブタを八年やってます」と自慢をした。

被虐嗜好者《マゾヒスト》で、女王様にブタとして飼われているという。

秋田はサディズムでもマゾヒズムでもないが、自分の知らない業界に興味があった。

ブタがいるのなら会場には女王様もいるだろうと探してみた。

少し離れた席にいた女性に話しかけると、彼女はＳＭ倶楽部で女王を職業にしているという。女王様は話し上手で、その業界の興味深いエピソードを語ってくれた。

秋田は怪談好きでもある。

風俗関係の仕事場には怪奇現象が良く起こると聞くので、質問をしてみた。

「何か不思議な体験談はありますか？」

ありますよと、女王様は素敵な笑顔を見せてくれた。


女王様は会員制のＳＭ倶楽部で働いている。

倶楽部は都内の雑居ビルにあるのだが、看板を出しているわけでもないので店があることは分からないという。

店にはプレイルームが六部屋あり、プレイは各部屋の個室で行うのだがルールがある。

最後にプレイをした女王様が部屋の掃除をして帰るのだ。

その夜もプレイ後に掃除はしたのだが、翌日も同じ部屋を使いたいので消耗品や小道具のチェックをするために、少し早めにプレイルームに入った。

初めは何が起こっているのか理解が出来なかったという。

「プレイで使う赤い縄が空中に浮いているのよ」

透明人間を亀甲縛りにしたように、赤い縄が宙に浮いているのだ。

緊縛師が仕事をしたように美しい亀甲縛り。

縛られているだろう透明人間は、亀甲縛りのサイズから百キロ近い人間だと推測できた。

縄を何らかの方法で固めたオブジェなのかとも思い、確かめるために透明の部分にそろりと足で触れてみた。プルプルと震える感触が伝わってきた。

女王様は「うぁ」と声を上げて縄から離れた。

幽霊だ！　見えないが幽霊が亀甲縛りにされている！

怖いので部屋から出ようとした。

だがよくよく考えてみると、亀甲縛りをされて部屋の隅に転がっている霊は被虐嗜好者（マゾ）の可能性が高い。

放っておけばプレイ前には消えているだろうと軽く考えていたが、もしこの霊がマゾのブタならば、放置プレイと勘違いをして喜んで居座る可能性がある。

それにもしかすると、女王様が今まで飼っていたブタがお亡くなりになり、最期に会いに来てくれたのかもしれない。

「愛おしい気持ちになってね。プレイして成仏させてあげようかと」

身体に密着した黒のボンデージ、特注で作った赤いハイヒールのロングブーツ、使い慣れた鞭——変身完了!

女王様モードでプレイルームに入った。

大人しく部屋の隅で亀甲縛りの赤い縄が浮いていた。

お尻があるであろう場所をハイヒールで踏んで様子をみる。

感触があった。ブタ特有のプリプリとお尻を振る動きがある。

やっぱりこいつはブタだと確信した。

「幽霊になっても来るとは気持ち悪いね! このド変態!」

女王様はブタが興奮する言葉を浴びせながら、スペシャルなプレイをブタの幽霊に続けた。

「ブタ! 許してあげるから逝きなさい」

女王様のお許しをうけたブタの霊は、プルプルと震えると逝ったという。

赤い縄が床に落ちた。

ブタは昇天した。

「何処の誰なのかわからなかったけど。天国に逝けたかな」

次の日。少し早めに出社してプレイルームに入ると――。

「また亀甲縛りがあるのよ」

透明人間を亀甲縛りしたような状態で、赤い縄が部屋の隅で浮いていた。

ブタが舞い戻ってきたのだ。

なんだか腹が立ってきた。

女王様は近所にあるコンビニに走ると塩の袋を買い、その塩を空中に浮いている赤い縄にぶっ掛けた。

赤い縄は床に落ちたという。

「今でもたまに赤い縄のブタさんが出るんだけど、毎度塩をまいてたら掃除が大変です」

今は掃除が楽なように、塩水を作り、霧吹きでシュッシュと透明のブタに噴射するという。

ナメクジのようにブタの霊は消える。と、女王様は素敵な笑顔を見せてくれた。

革のソファー

藤原は建設関係の仕事をしている。
仕事が忙しくなると徹夜で、オフィスに泊まることがある。
社長が会社に革製のソファーを買ってきた。
男性一人が寝転んでも少し余裕がある大きさだ。
社長は社員の為にいい買い物をしただろうと自画自賛した。
高級ソファーはオフィス内ではなんだか場違いのように見えた。
暫くすると、経理の女性達が「あのソファーは気持ち悪い」と言い始める。
女性の社員はソファーに座らなくなった。

昼休みに、ソファーで新人の前田が仮眠を取っていた。
しばらくすると彼はソファーから転げ落ちて悲鳴を上げた。

社内は大爆笑だったが、顔面蒼白になっている前田はトイレに駆け込んで吐いた。

三日後に前田は会社を退職した。

長い残業時間と休日出勤が続くブラック企業なので新人が辞めていくのは珍しいことではない。毎度のことなので誰も気にも留めなかった。


同僚の高野と仕事帰りに飲みに行った。

高野もあのソファーは気味が悪いという。

夜にあのソファーでうたた寝をしていると背中に虫が這う様な感触があった。

ビックリして飛び起きて、シャツを脱いでみるが虫なんていない。

しかし高野の背中にはリアルな感触があった。

あれは夢ではない。理由を説明はできないが、とにかくあのソファーは駄目だという。

気味悪いので藤原もソファーに座るのをやめた。


その日は仕事が一段落したのが夜中の三時過ぎ。

朝の八時には先方に図面を送らなければならない。

帰宅するにも中途半端な時間なので仮眠を取ることにした。

気味悪い話を立て続けに聞いてソファーを使っていなかったが、藤原に気味悪い出来事が起こったわけではない。

睡魔には勝てず、ソファーで仮眠を取ることにした。

ソファーに寝転ぶと固くもなく柔らかくもなくとても良いフィット感である。

数分もすると眠りに落ちた。


夢を見た。藤原がソファーで眠っている夢だ。

ソファーの周りを黒い人の形をした者達が囲んでいた。

藤原の頭の前に立っていた黒い人が、身体を曲げて彼の顔を覗き込んでくる。

目も鼻も口もない黒く塗りつぶしたような顔。

覗き込むのをやめて、直立不動になると右回りに動いた。

今度は左側にいた黒い人が彼の頭の前で止まると、身体を曲げて顔を覗き込んでくる。

覗き終わると直立不動になり右に回る。

ソファーを取り囲んだ黒い人達が、同じ動きをして順番に眠っている彼を覗き込んでくるのだ。何度も何度も繰り返した。

そのうち、背中に違和感がするようになった。

皮膚に密着した何かが動いているのだ。

体中に電気が走るような痛みで意識がはっきりとした。

体が動かない。

黒い人はいなかったが、背中には何かがモゾモゾと這っていた。

大きさは六センチ以上はある。芋虫のようなモノが背中を這っているのだ。

服の背中に穴が空いているかのように、同じ場所からそれは現れると左右に這っていく。

無数の芋虫が背中の皮膚の上を這っているのだ。

得体のしれない恐怖で吐きそうになった。

口から汚物を吐き出したようにむせると、上半身がバネじかけのように起き上がりソファーから転げ落ちた。

叫びながらシャツを脱ぐ。

シャツにも背中にも何もいない。だが無数の何かに這われた感触はリアルに残っていた。

藤原は社内でまんじりともせず朝を迎えた。

あのソファーは二度と使わないと心に誓った。

怪異な体験談は同僚の高野だけに話し、数週間が過ぎた。

その日、藤原はいつもよりも少し早めに出社した。

早朝なのに珍しく社長が会社にいた。

それもあのソファーの前で腕を組んでいる。

「社長何かあったんですか？」

そう訊いたが、社長は何も答えず無言でソファーを見つめている。

「ソファーですよね？」

と話を振ると、寝ていたら金縛りになり背中に無数の何かが這い回ったという。

藤原も同じ体験をしたと社長に告げると、社長はソファーの出処《でどころ》についての話を始めた。

このソファーは、とある反社会組織の組事務所にあったものだという。

組長が逮捕されて組は暫くして解散。その物件を買った知り合いの業者から、事務所にあったこのソファーをタダで貰い受けた。駄目な物だとはっきりしたので今日中に廃棄するという。

廃棄する前にソファーの中を見ることにした。内部に何かあるとしか思えなかったからだ。

ソファーにハサミを突き刺して革を切り裂く。

重みのある紙袋とガムテープでグルグル巻きにされた筒状のモノが隠されていた。

ずっしりと重い筒状のモノは触るとガラスの瓶だと分かった。液体が入っているようだ。

まずは紙袋の中を見る。

軍用自動拳銃トカレフが一丁と、新札で現金二百万円。

社長は、ガムテープでグルグル巻きにされた瓶を持つと、カッターで切り裂きガムテープを剥がし出した。

むき出しになった瓶の中は茶色い液体で満たされていた。

「液体の中にね。五センチほどの棒状のモノが……。沢山、漂っていたよ」

初めはそれが何かわからなかった。

爪が生えていた。

第二関節から切断された無数の指である。

あの現象はこれが関係していると確信したという。

切断された指は背中の服の中で関節を曲げて虫のように蠢《うごめ》いていたのだ。

社長は警察に通報をしなかった。

藤原は口止め料として現金のうち八十万をもらった。

バラバラに破壊したソファーはその日に業者に引き取ってもらった。

後日、トカレフと指が詰まった瓶は社長が処理したという。

あの子

愛佳は二十歳になる前夜に不思議な夢を見た。
どこか懐かしさのある公園のベンチに座っているのだ。
愛佳の隣に女性が座った。
「十三年ぶりだね」
女性は微笑みながら挨拶をした。
面影があった。小学校二年生の頃によく遊んだ「あの子」だ。
夢の中では、自分と同じぐらいの年齢に成長していた。
昔話に花を咲かせる。
懐かしかった。
「時間なので帰るね」
彼女はベンチから立ち上がると愛佳の顔に顔を近づけて耳元で何かを囁いた。

そこで目が覚めたという。

涙が頬を伝いこぼれ落ちた。

「忘れていた記憶が蘇ってきたんですよ」

彼女とは公園でよく遊んだ。同年齢の女の子なので会話も合い、楽しかった。

遊び疲れると必ず彼女の家に行った。

大きなお屋敷である。いつも玄関からは入らず垣根の隙間から庭に入り、廊下のガラス戸を開けて奥にある畳の部屋で遊ぶ。

暫くするとおばあちゃんが、木のボールにお菓子を入れて持って来る。

彼女とは他愛もない会話をしながらお菓子を食べて、お菓子が無くなると愛佳は家に帰るのだ。

「でもね。夢の中でも名前を呼び合っていたのに、あの子の名前が思い出せないんです」

実家の母親から二十歳の誕生日を祝う電話があった。

「母にあの子との思い出話をしたらね」

母親も覚えていた。

「あなたが遊びに行っていたお屋敷は坂谷さんの家だと教えてくれました」

おばあさんは昨年お亡くなりになったそうだ。

生前は、母と会うと、愛佳が子供の頃の思い出を話していたという。

「あの子は坂谷だったたっけ？」

「坂谷のおばあちゃんにお孫さんはいないよ」

母のその言葉でフラッシュバックのように次々と消えていた記憶が蘇ってきた。


あれは七歳の誕生日の前日だった。

あの子と遊んだ。

坂谷のおばあちゃんが持ってきたお菓子を二人で食べ終わり愛佳は家に帰った。

夕暮れの自宅の玄関前で、母と祖母が帰りを待っていた。

「今日は誰と遊んでいたの？」

あの子の名前が思い出せなくて困っていると母親と祖母の表情が曇るのが分かった。

何か悪いことをしてしまったのかとべそをかいた。

そんな愛佳に母はいつもの優しい顔に戻り、頭を撫でてくれた。

「もうあの子とは遊んでは駄目ですよ」

母と祖母は慌てて出かけ、夜遅くまで戻って来なかった。

ひとりで不安な夜を過ごした記憶が鮮明に蘇ってきた。


「愛佳には今まで黙っていたけど。坂谷さんのおばあちゃんに孫はいないの。いつも一人で愛佳が遊びに来て同じ部屋で一人で遊んでいるから。おばあちゃんはお菓子を出してあげていたのよ」

あの子との記憶は私が作った妄想だったのか……。

忘れていた記憶がまた一つ蘇ってきた。

母と祖母にあの子と遊んでは駄目だと言われた日の夜だ。

あの子が夢の中に現れた。

「私は遠くに行くことになったの。だからバイバイ」

と手を振った。

寂しくなるが、お別れなんだと納得したという。

昔の記憶が蘇ると同時に、あの子の顔の記憶がだんだんと曖昧になってきた。

どんな顔だったか、どんな髪型だったか……。あの子の記憶が薄れてきた。

涙がとめどなく流れた。


祖母は地元で拝み屋をしていた。

他県からも相談者が来るぐらい忙しい時期もあった。

愛佳は祖母が生きていた頃、母が手伝いをしていることを知っていた。

あの日、祖母と母はあの子に何かをしたのだろう。


母はあの子の件はまだ詳しくは話せないと言った。

母との電話を切った瞬間に、あの子が呟いた、忘れていた言葉の記憶がはっきりと脳裏に現れた。昨夜見たあの夢の中での言葉だ。

あの子は愛佳に近づき耳元でこう呟いた。


「もうすぐ会えるから。またね」

母の遺言

「健三さんのお姉さんが、自動車事故で半年前に他界されていたんですよ」

優子は健三と小学校、中学校、高校と同じ学校に通った。

お互い恋愛感情は無いが子供の頃からの友人で、家族同士の付き合いもあった。

優子が実家から引っ越して一人暮らしを始めてからは、年賀状を出し合うぐらいの関係になってしまった。

葬儀は家族葬で行われたので、健三の姉が亡くなったのを知らなかった。

健三に連絡を取る。今は健三も実家暮らしではないが、週末に帰省するという。

「健三さんがいるのなら、お線香をあげたいから弔問させてくれないかなって頼んだんですよ」

週末に健三宅に行くことになった。

数年ぶりだというのに、健三と家族は温かく迎え入れてくれた。

お仏壇に手を合わせた後、昔話に花が咲いた。


「食事をしていきなさいって、健三さんのお父さんに言われてね」


優子はお言葉に甘え、昼食をご馳走になることにした。

二階の八畳の和室で健三さんの家族と昼食をとる。

家具が一切置かれていない、立派な床の間がある和室だ。

隣の部屋から運んできた大きなテーブルを囲んで食事を始めた。

しかし、優子には気になるモノがあった。

床の間に奇妙なものが置かれているのだ。

彼女の前に座っている健三の肩越しに、床の間が見えるのだが、床畳の真ん中に市松人形がある。

おかっぱ頭の赤い着物を着た市松人形だ。

「あんな人形をどうして床の間に飾っているのか……。意味がわかりませんでした」

その市松人形の顔が奇妙で、右に曲がっている。右側の顔面が左側と比べると二倍以上に膨れ上がっている。右目は腫れ上がり『四谷怪談』のお岩さんのように、恐ろしい形相になっているのだ。

床の間にあんな気味の悪い人形を置く理由がわからなかった。

そんな人形があるのにまったく話題に出さずに、楽しく食事をしている彼ら家族に不気味さを感じてきたという。

「無理やり明るく振る舞っているような。なんか空気がおかしいんですよね」

重苦しくなり食事は喉を通らなかった。

何とか食事が終わると、駅まで送ると健三が言った。

ご両親に挨拶をして家を出る。

駅に向かって並んで歩いているが、気まずい空気はぬぐえなかった。

「あの市松人形は床の間に置くと安全なんだ」

健三は言葉を選びながら、ゆっくりとだが唐突に、市松人形に纏わる話をしだした。

その日、健三の携帯に母親から、姉が事故で病院に搬送されたとの連絡が入った。

病院に着くと、既に姉は亡くなっていた。

姉が運転する車が電柱に激突したという。

「車には姉一人だし、他人を巻き込まなかったのは不幸中の幸いかな」

お葬式まで慌ただしい日々が過ぎていった。

初七日が終わり、少し落ち着いたので、警察がレッカー移動した姉の車を取りに行くことになった。

廃車手続きもそこで出来るということなので、必要な書類等を用意して行った。

廃車として移動させられる前に、車の中に残っている荷物の確認をさせてもらった。

「後ろの席にあの市松人形があったんだよ」

十数年前に、親戚の家から貰い受けた市松人形だという。

理由はわからないが、姉はその市松人形を事故を起こした日に自宅から持ち出して車に乗せていたのだ。

生前、姉が大切にしていた人形なので、自宅に持ち帰ることにした。

人形の顔が変化し出したのは、姉の四十九日の前日だった。

下駄箱の上に市松人形を置いていたのだが、健三は人形の顔の右側が腫れていることに気づいたという。

「気味が悪いので捨てようとすると怪我をするんだ」

健三は人形を捨てようと右手に持ち外に出ようとすると、足の親指をドアの角にぶつけて生爪が剥がれた。

親戚に教えてもらった拝み屋さんに、頼もうと話したその夜に、母親が高熱を出して救急車で運ばれた。

他にも、市松人形に何かをしようとすると怪我をしたり病気になったり、人形どころでは無くなるのだ。

その間も市松人形の右顔はどんどん腫れ上がり、重さに耐えられないのか首が右に曲がってしまった。

そんなある日、朝食を食べていた父が、昨夜不思議な夢を見たと話し出した。

夢の中でお坊さんに「市松人形を床の間に置きなさい」と言われたという。

実際に床の間に置くと、家族に災難が起こらなくなった。

「それ以来、触ることが出来ず、床の間に置いているんだよ」

昨年、健三の母親が他界された。
病院に入院したとは聞いていたが、急なことで驚いた。
健三の母親は「あの市松人形は私が持っていくので一緒に焼いてくれ」と言い遺した。
遺言通りに、市松人形は母親と一緒に火葬されたという。

荒井さんの体験談

小学校三年生の秋に怖い体験をしました。

学校の通学路に空き地がありました。二十坪ぐらいの空き地です。

有刺鉄線が張り巡らされており空き地には入れませんでした。

空き地には大型ゴミが捨てられていました。冷蔵庫や机などの大型ゴミが不法投棄されていたのだと思います。

ただ、どうやって有刺鉄線を越えて、あんな大きな廃棄物を空き地の真ん中に並べることができるのか不思議でした。

何度かその空き地の前で、見かけない制服姿の数人の男性が立ち話をしているのを見ました。ひそひそ話をしている姿は少し気味が悪く、目を合わせないようにしていました。

母親が言うにはあれは市の職員だそうです。

大型ゴミは暫くすると片付けられるのですが、ひと月も経たないうちに再び不法投棄がされていました。そういったことが何度もあの空き地では続きました。

ある日の学校の帰りに、空き地の前を通ると男が立っていました。

有刺鉄線にバリケードされた空き地の中、大型ゴミの前で仁王立ちしています。

全身緑色でコーディネートされた服装をしていました。

緑色のとんがり帽子に緑色のコートに緑色のズボン。

「スナフキンだ！」

フィンランドの作家トーベ・ヤンソンの『ムーミン』に登場するスナフキンにソックリです。アニメで放送されている『楽しいムーミン一家』が大好きでした。

あの男はスナフキンに違いない。

スナフキンが街にやって来たと感動しました。

お話がしたい。そう思って、有刺鉄線の前でスナフキンに手を振りました。

スナフキンは空を見つめているだけで反応はありませんでした。

有刺鉄線を潜り抜けて空き地に入ろうか躊躇してると、スナフキンが何か呟き出したのです。

「コシナカコウイチ。コシナカコウイチ」

何度も何度も「コシナカコウイチ」と名前を呟いていました。

「スナフキンの本名はコシナカコウイチなんだ」

私は、誰も知らないスナフキンの本名を知ることが出来て大喜びです。

ただスナフキンからはなんだか近寄りがたい、重たい空気をヒシヒシと感じてくるので、その日は帰ることにしました。

翌日、学校で「スナフキンの本名は『コシナカコウイチ』だ」と自慢げに話すと「嘘をつくな」と笑われました。

本当なんだと証明するために同級生達と、空き地にスナフキンに会いに行きましたがいませんでした。みんなから「嘘つき」と罵られ、散々な結果になりました。

意気消沈し帰宅すると母親が慌しく化粧をしています。

近所の人が亡くなった、お通夜の準備の手伝いをしに行くよ、と言います。

亡くなられた男性は「越中浩一」でした。

「スナフキンが死んだ！」

友達になりムーミン谷の話を聞きたかった……。とても悲しい気持ちになりました。

次の日、学校の帰りにあの空き地の前を通ると、不法投棄された大型ゴミが増えていました。不法廃棄された冷蔵庫の前に、あの、スナフキンが仁王立ちしていました。

「スナフキンが生き返った!!」

嬉しくて、必死にスナフキンに手を振りました。

今回も無視されましたが、スナフキンはまた何かを呟いていました。

「サトウユウコ。サトウユウコ」

女の名前でした。

何か変だ。

此処で初めて怖い気持ちが湧いてくるのです。何故か全身に悪寒が走りました。

怖くなり、走って家に帰りました。

母親から「八百屋で働いていた佐藤さんが今日亡くなった」と聞きました。

「ゆうこさん?」と尋ねると、「名前を知ってるんだ」と驚かれました。

怖くなりました。あれはスナフキンではなく、別の邪悪な存在だと子供ながらに理解したのです。

もう空き地の前を通るのを止めました。

次の日も近所の男性が交通事故で亡くなられました。

大学生まで自宅に住んでいましたが、あの空き地の前を通ることは二度とありませんでした。

ぼくが引きこもりを卒業した物語

「三十歳まで童貞なら魔法使いになれる」

平成時代に囁かれていた都市伝説です。

魔法使いにはなれませんでしたが、あやかしと共同生活をした三十歳の童貞男がいました。

男の再就職先はブラック企業でした。

サービス残業に休日出勤にパワハラが日常茶飯時な最低の会社です。

男は真面目な性格なので頑張りましたが、三年目に精神を病んで退職することになりました。

業務時間を考えると給料は安かったのですが、お金を使う暇がなかったので貯金はできました。

男はアパートで引きこもりの生活を始めます。

コンビニエンスストアと月イチのハローワーク以外は外には出ない生活が半年も続き、部屋はゴミ屋敷になりました。

やがて、朝なのか夜なのか、時間の感覚も麻痺してきました。

男の部屋は2DKです。

六畳の洋室と四畳半の和室の二部屋あり、台所と六畳部屋を仕切る引き戸がありました。磨りガラスが入った引き戸です。

洋室で睡眠をしていると台所から歌声が聞こえてきました。

日本語ではありませんが美しい女性の声でした。

時計を見ると深夜一時を過ぎています。

閉じた引き戸の磨りガラスからでは台所の様子はハッキリとは見えません。ただ、磨りガラス越しに野球のボールぐらいの光の塊がふわふわと浮遊しているのは見えていました。

ホタルか？　と考えましたが、今は冬なのでホタルはいません。

それにホタルにしては大きすぎるのです。

そろりと引き戸を開けて、光の主を見ました。

妖精が飛んでいました。

グリーンのワンピースに透明の羽根。キラキラ光る銀粉を撒きながら美しい妖精が飛んでいるのです。

信じられない光景に「あっ」と声を上げてしまうと妖精は消えてしまいました。

男は自分の頭がおかしくなったと思い悲しくなりました。

そしてなんだかもうどうでもいい気持ちにもなりました。

その夜から妖精が現れるようになりました。

最初の頃は妄想を見ているのだと怖くなりましたが、慣れてくると妖精が可愛くさえ思えてきました。

散乱したゴミ袋の上を浮遊する妖精はシュールでしたが、飛んでいる姿を見ていて飽きることはありませんでした。

暫くすると妖精と暮らすにはルールがあることがわかりました。

妖精は台所以外の部屋に現れることはありません。

台所の引き戸を開けたままにすると妖精は現れません。

磨りガラスの引き戸を閉めていると現れるのです。

妖精に触れようと台所に入ると妖精は消えてしまいます。

妖精はデジタルカメラでは撮影はできません。

撮影されるのがキライなのかもしれません。

盗撮するとゴミの山しか写ってはいませんでした。
妖精との奇妙な共同生活が始まって二ヶ月が過ぎました。
深夜奇妙な音に気がついて目が覚めました。台所から聞こえるのです。

バリバリベリ……ガリガリガリ……

何かをすりつぶすような奇妙な音が聞こえてくるのです。
磨りガラス越しには光の玉が見えています。
ゆっくりと引き戸をあけて台所を覗きました。
妖精は冷蔵庫の前にあるゴミが詰まった袋の上に背を向けて座っていました。
何かをすりつぶしているような音は妖精から出ています。
妖精がゆっくりと男の方に振り向きました。
口からは茶色い触角が飛び出ていました。
バリバリバリ
生きたゴキブリをバリバリとお尻から食べていたのです。
「こんなの俺の妖精さんじゃない！」

男は大声で叫びました。
声に驚いた妖精はゴキブリの頭だけを残して消えてしまいました。
頭だけになったゴキブリの茶色い触角が動いています。
男は自分の部屋が汚いのでゴキブリがいるんだ。
だから妖精がゴキブリを食べたのだと考えました。
「部屋を綺麗にすればいい！」
三日三晩をかけて男は眠ることも忘れ部屋の掃除をしました。
九十三個にもなったゴミ袋は業者に頼みトラックで引き取ってもらいました。

部屋は綺麗になりました。
しかしあの日を最後に、妖精が現れることはありませんでした。
男は部屋が綺麗に片付くと働きたくなりました。
暫くすると再就職をすることが出来ました。
引きこもりの生活からも抜け出すことが出来たのです。
男は魔法使いにはなれませんでしたが、人間の彼女が出来て童貞を卒業しました。
今でも男は妖精を思い出すと寂しくなる時があります。

そんな時は彼女に妖精のコスプレをしてもらい、幸せな生活を送っています。
めでたしめでたし。

支えられない女

ＣＭ制作会社でＰＭ（プロダクション・マネージャー）をしている北村から聞いた話。

北村が働く制作会社の社員数が五十人を超えた。

都内にあるビルのワンフロアを借りていたが、手狭になってきたのでツーフロアを借りられる賃貸を探すことになった。

半年程で条件が合う物件を見つけた。

北村は契約前に経理部の社員と内見に行った。

駅から徒歩八分。オフィスビル街にある十階建て雑居ビルの七階と八階のフロア。

北村はフロア内を見て驚いた。

「デスクや書棚等が廃棄されずに残っているんですよ。書類も散らばっているしね」

七階と八階は同じ会社が借りていたが倒産し、夜逃げをした。

原状回復を終えてから明け渡す契約だったが、契約者とは連絡が取れない状態になっている。

契約が決まればビルのオーナーと不動産屋が責任を持って原状回復をするという。

半年かけて七階と八階の新オフィスを完成させた。

新オフィスで仕事が始まった。

ＰＭは担当するＣＭ作品の撮影が決まると休日もなく働く。

残業時間も月に百時間を超えることもよくある。

オフィスは二十四時間誰かしら社員がいるという不夜城である。

「二ヶ月が過ぎた頃かな。奇妙な噂が社内で流れたんですよ」

幽霊が出る。ただ姿をはっきりと目撃した者はいない。

視線の端に白い影が見えるが誰もいなかった、会議室の扉が閉まる瞬間に白い服が見えたが誰もいないなど、白いモノ以外は具体的な目撃談がなく、幽霊談と言うには微妙だった。北村は言う。

「私はオカルト否定派なんですよ。目撃談は睡眠不足からくる見間違いだと論理付けて、気にしていませんでした」

日々仕事が忙しく、幽霊に構っている暇などないのだ。

その日、北村がスタジオ撮影の準備を終えてオフィスに戻れたのが深夜二時過ぎ。ビジネスホテルに泊まるという選択もできなくはないが、朝六時にはオフィスに車両部が来るので、そのまま仮眠をとることにした。会議室に、照明で使う畳一帖の大きさのカポックと呼ばれる発泡スチロールを床に敷いてそこに寝転んだ。

疲れていたので爆睡した。

「うっ……うっうっうっうっ」

咽《むせ》び泣く女の声で目覚めたという。

枕元に背を向けて女が正座をしていた。

「寝ぼけて撮影現場かと勘違いして焦りましたよ。女は衣装のような白いドレスを着ているから撮影中なのか、とね」

背を向けている女の長い黒髪が白いドレスの肩にかかっている。

両手で顔を覆うようにして、頭を小刻みに上下させながら咽び泣いている。

「リアルに見えているので幽霊とは思えませんでした。仕事が辛くって女子社員が泣いているのかと……。今となればおかしな考えなんですけどね」

北村は上半身を起こし、足を組んだ姿勢で座った。

「どうしたの？」

背を向けている女が泣くのを止めた。

「それにあんた誰？」

女は顔を覆うようにしていた手をゆっくりと下におろした。

身体を捻るように北村の方に振り向くと同時に、北村に抱きついてきた。

北村は「うあ」と声を上げる。

「ビックリして、自分の両手を胸のあたりに出して身構えたら、その上から抱きついてきたんだよ」

女は北村の両腕を抱えるような状態で抱きついた。

女の頭が北村の肩口にある。

「やめろよって、身体から離そうと女を両手で押し返したら」

北村に押されて女の上半身だけが後ろに反るようにゆっくりと倒れた。

女の顔が見えた。

「下顎が無いんだ」

上顎には綺麗に歯が並び奥歯まで見える。しかし下顎がなく、喉だと思われる赤い穴から茶色い液体が流れ出てきた。

「うあぁぅぅううぅうあぅぅぅぅ」

女は喉の穴から絞り出すように意味不明の言葉を絶叫した。

穴からダラダラと茶色い液体が垂れた。

北村は全身の力が抜けたところまでは覚えているという。

気がついた時には、すっかり朝になっていた。


スタジオ撮影は事故もなくスケジュール通りに終わった。

翌日、社長に信じてもらえないのを覚悟の上で、顎がない女の話をした。

社長によると、別の社員からも下顎のない女を見たと報告があったという。

幽霊の出るプロダクションとの噂が流れると、取引先のスポンサーが嫌がるので秘密にするように口止めをされた。そしてテレビ関係者から紹介してもらった霊媒師に相談をしているので暫くは我慢してくれと言った。

ひと月後、社員一同で、霊媒師がいる寺で祈祷を受けることになった。

霊媒師は社員が寺に来てくれればオフィスに出る霊を祓えるという。

北村は運が悪いことにオフィスで留守番になった。

まだ二十時だがオフィスに一人でいるのは怖かった。

社長から電話が掛かってきた。

霊媒師が言うには、非常階段に楽器があり、それが幽霊の本体なので必要らしい。

それがないと祓えない。社長はその楽器を探してくれという。

北村は非常階段にそんなモノがあった記憶が全くないのだが、楽器を探して折返し電話をすることになった。

「黒いケースの中にバイオリンがありました」

触りたくなかったがオフィスに運んだ。

「社長に今から持って行きますと伝えたらね。お前は留守番でいいからバイク便で運ばせろと。幽霊が取り憑いた楽器をバイク便で送って良いのか？　と疑問に思いましたよ」

料金は割増だが二十四時間いつでも荷物を運んでくれるバイク便と契約をしている。

撮影中の小道具だと嘘をつき、呪われたバイオリンを渡した。

後ろめたさはあったが、荷物を運んでくれる男性の無事を祈るしか無かった。

呪われたバイオリンはバイク便で無事、お寺に運ばれた。

それから小一時間が経った頃、突然会社の全ての電話機の着信音が一斉に鳴った。

受話器を取っても相手は無言だった。

電話に出てもまだ着信音が鳴り続けている。

北村は怖くなりもう電話には出ず、着信音が止まるのを待った。

数秒間鳴り続けると突然、全ての着信音が止まった。

「丁度その時刻に寺でバイオリンから霊を祓ったそうですよ」

オフィスには下顎のない女の幽霊は出なくなった。

そして北村は幽霊の存在を信じるようになった。

「考えてみるとあの白いドレスはコンサートの服なのかな。でもね。バイオリンは楽器の構造上、下顎がないと弾くことが出来ないですよね」

アフロ

怪異を蒐集していると分類不明な体験談に出会うことがある。

そんなモノを目撃した男性の話である。


「電車に乗ったのが十九時頃でした」

列車内は鮨詰めでドア側に立っていた彼は、駅に着く度に乗客に押し出されてプラットホームに降りた。

車内に戻ると微かな異臭がしたという。

「卵が腐ったような異臭がするんですよ。異臭の元を探しました」

異臭元は発見できなかったが、興味を引くモノを網棚に見つけた。

彼から二メートルぐらい離れた網棚にそれはあった。

「アフロのカツラが置いてあるんです」

網棚の鞄と鞄の間にボリュームがあるアフロヘアのカツラが置かれているのだ。

シュールな光景に微笑んだ。

「カツラの持ち主は降りる時に被るのかと想像をしていたら――」

笑いのツボにはまり、必死にこらえた。そんな時――。


「犬が濡れた体をブルブル震わせ水しぶきを飛ばす姿を見たことがありますか？」

そんな風に、網棚のアフロのカツラがブルブルと震えたという。

アフロのカツラと思ったモノはグッグッグッグッと正面を向いた。

「アフロ頭の生首でした」

アフロ頭の生首が網棚から乗客を見下ろしている。

しかし人の顔とは少し違っていた。

「機関車トーマスの顔みたいな。トーマスはＣＧアニメなのですが、あの玩具のようにシワがない灰色の顔なんですよ」

アフロのトーマスの眼球が車内にいる誰かを探すようにギロギロと動く。

想像を超えた光景に身体が固まった。

しかし生首の前にいるスーツ姿の男性や女性は何の反応もない。

吊り革を握り立っている乗客の手が届く距離に生首があるのに、だ。

自分以外、誰一人として気づいていないようだ。

アフロの生首は口を半開きにし大きく息を吸い込むと、今度は口をしっかり閉じて一気に鼻の下を膨らませる。

おちょぼ口になる。

そしてゆっくりと前にいるサラリーマンに向かって息を吹きかけた。

男性は両手で鼻を押さえたと同時に「うっ」と嘔吐した。

うわっと乗客達が男性から離れようと動いた。

鮨詰め状態の車内はパニックになった。


「生首はうずくまった男性を見下ろして、ニヤニヤと笑ってましたよ」

あの異臭の正体は生首が吐く息だったのだ。

この車両にいると危険だと思い、次の駅で降りることにした。

「ドアが開いたので降りようと移動をしたら……。生首が私に息をかけたんです」

途端に息が詰まった。

転げ出るように車内から出る。

強烈な異臭にプラットホームでうずくまり、涙と鼻水で顔がビチョビチョになった。
駅のトイレで何度も顔を洗ったが、臭いが消えるのには小一時間かかった。
何故自分にだけ姿が見え、異臭を感じることが出来たのかは未だにわからないという。

記念写真

あの写真を撮るまでは両親の仲は良かったという。
女子高生の彼女はプロのフォトグラファーを目指している。
小学生の頃からお小遣いを貯めて中二の春にカメラを買った。
デジタルカメラではなくフィルムで撮影をする一眼レフカメラだ。
お金はかかるがフィルムで撮影をしたかった。

中学三年生の春休み、両親と温泉旅行をした。
宿泊する旅館を見て感動したという。
大正時代に建築された木造三階建の温泉旅館の外見が美しかった。
何枚もシャッターを切った。セルフタイマーで旅館をバックに両親との写真も撮った。
二泊三日の家族旅行は楽しい想い出になった。

旅行から帰宅して一週間後に旅行先で撮影したフィルムのプリントが上がった。
夕食後に家族三人で写真を見る。
楽しい家族旅行の想い出が何枚もプリントに写し出されていた。
温泉旅館の前で三人を撮った写真を見る。
バックにある旅館の窓に奇妙な者がいた。
旅館の二階の硝子窓から巨大な女の顔が此方を見ているのだ。
窓枠に収まりきれない大きな顔。
おかっぱで丸顔の女。眉はハの字でタレ目。赤く小さな唇。
生気がない人形のような顔である。
同じ顔が一階の窓にも三階の窓にもある。
合計六個の同じ顔が旅館の窓から此方を見ているのだ。
気味が悪かった。
父親が呟いた。
「あの市松人形だよな」
母親もこの顔を知っているように頷いた。

両親は巨大な顔の正体を知っているようだ。

「中学三年生だからもう話してもいいか。パパのおじいちゃんは知らないよね」

彼女は父方の祖父と会ったことがない。

父の田舎にも遊びに行ったことがなかった。

物心が付いた頃から父方の祖父母の話をすると、両親が悲しい表情をするので話さないようにしていた。

二年前に祖父と祖母が亡くなり父と母がお葬式に行った。

彼女は祖父と祖母が同時に亡くなった理由を知りたかったが、葬儀について両親から話がないので聞けずにいた。


「ママとの結婚を反対されたんだ」

父の両親から母との結婚を猛反対されたという。

両親の反対を無視して駆け落ちのように結婚をした。

父は両親から縁を一方的に切られたという。

彼女が生まれた時、母が父に内緒で祖母に手紙を出した。

祖母も、初孫なのでこの機会に仲直りができないものかと考え、祖父を説得した。

母は父を説得し十年ぶりに里帰りすることになった。

門の前で祖母が待ってくれていた。初孫を見て心から喜んでくれたという。

祖父は地元の名士で、広い敷地には木造の立派な家が建っていた。

父と母は廊下を歩き一番奥にある和室に入った。

畳の部屋の真ん中に掘りごたつがあり、そこに祖父が座っていたという。

部屋に入り父と母は異常な光景に驚いた。

祖父の隣に小学生の子供ぐらいの大きさがある市松人形が座っているのだ。

おかっぱで丸顔。

眉はハの字にタレ目で赤く小さな唇。

赤い着物を着た巨大な市松人形が座っているのだ。

祖母に勧められて掘りごたつに二人は座った。

祖父はぶっきらぼうに「元気だったか？」と言った。

市松人形が気になって仕方がなかったが、祖父と祖母に、何故こんな物があるのか聞けなかったという。

東京での暮らしや仕事などの話題で会話は進んだが、些細なことから父と祖父は喧嘩になった。

「この市松人形はなんだよ。気味の悪いものを置きやがって」

「この人形か。これはなお前とは親子の縁を切ったから、新しい子供として育てているんだよ」

母は祖父からなんとも言えない狂気を感じたという。

祖母が止めるのも聞かず父は怒鳴りながら「帰る」と家を出た。

あれから十五年になるが、祖父母が亡くなるまで里帰りをすることは無かった。

父は写真を見ながらため息をつくように言った。

「あの市松人形だよな」

母は独り言のように、つぶやいた。

「遺言どおりに一緒に焼いてあげたらよかった」

両親は市松人形をどうしたのかは話してくれなかった。


暫くすると両親は喧嘩が多くなり、やがて会話をしなくなった。

高校生になった彼女は家に帰ることが嫌で家出を繰り返すようになった。

彼女は、あの市松人形が家族の関係を壊す原因を作ったと考えている。

いどうする

朝倉直子は研究室で働くことになった。研究員は五人。

「初出社での顔合わせで、新人研究員の男性が凄い形相で私の顔をいつまでも見てるのよ」

怖がっているようにも見えた。

「挨拶をしても顔面蒼白で、しどろもどろなんだよね」

男は斎藤といった。

あからさまに怖がっている理由を知りたかったが、とてもじゃないが話をできる雰囲気ではなかったという。

仕事中に視線を感じて振り向くと、斎藤が慌ててパソコン画面に目を戻すことが頻繁にあった。

「目が合うと照れたというよりも、困ったように目をそらしてしまうんですよね」

他の研究員は気さくな人ばかりですぐに打ち解けた。

斎藤と会話をすると悪い人ではないとわかったが、相変わらず朝倉に対しての行動がおかしかった。

「頭のいい人たちって少し回路が違うじゃないですか。そういう人なんだと気にならなくなりました」

ひと月もすると研究も落ち着き、歓迎会をしてくれることになった。

場所は会社近くの居酒屋だった。

「いいチャンスかなと思ってね」

斎藤の隣の席に座った。初めはおどおどしていて相槌のみだったが、酒を勧めて飲んでいると打ち解けてくるのがわかった。

「斎藤君は私が怖いの？」と冗談ぽく質問すると、
斎藤は「悪気は無いんです。ごめんなさい」と謝罪した。

「朝倉さんが非常によく似ているんです」

「初恋で振られた女性にでも似ているの？」

笑いながら言うと、

「悪夢に出てくる人なんです」

斎藤の一族は代々刀工で、祖父の代まで刀を打っていたという。

悪夢で怖がる孫を見て祖母は祖父に、

「孫がこんなに悪い夢を見るのはおじいさんが殺生の道具を作るからですよ」

と話しているのを何度も聞いた。

斎藤はおじいさんが大好きで、本当は刀工になりたかった。

その悪夢をいつ頃から見るようになったのかはわからない。

物心が付いた頃からその悪夢を見ていたという。

悪夢は成人になっても年に数回は見ていたが、最近は月に何回も見てしまう。

「夢の中では自分は侍なんです。日本刀を腰に差しています」


斎藤は河原に直立不動で立っている。

雲ひとつない青空で、川のせせらぎだけが聞こえていた。

そこに、二人の男に両脇を抱えられて女が引きずられて来る。

みすぼらしい着物の女は河原に敷かれた筵《むしろ》に正座をさせられる。

女の前の地面には深い穴があった。

女は下手人だ。下手人とは江戸時代、斬首により処刑をされる犯罪者である。

女は掘られた穴に向かって首を前に突き出し、首元を斎藤に見せる。

斎藤は日本刀を上段に構えた。

大きく呼吸をすると女の首にめがけて刀を振り下ろす。

ガッ。

衝撃が刀の柄から手に、そして斎藤の全身に伝わる。

首は落ちなかった。刃が首の骨で止まっていた。

血が切り口から破裂した水道管の水のように溢れ出てくる。

下を向いた女の頭がゆっくりと動いた。女は、突き刺さった刀で自分の首を缶切りのように切り裂きながら、後ろに振り向いてきた。

血が傷口からゴボゴボと音を立てながら溢れ出す。

女は首を後ろまで捻じりきり、充血した目をカッと見開くと斎藤を睨みつけた。

そこで必ず目が覚めるという。

「その女が。朝倉さんにそっくりなんです」

あまりにも似ているので、初めて会った日にあんな表情と行動を取ってしまったという。

「斎藤君大丈夫。夢なら違えることができるよ」

昔から朝倉は本当にそう思っている。

朝倉の言葉に斎藤は力なく頷いた。


その日の夜。朝倉は悪夢を見た。

薄汚れた牢に、みすぼらしい着物姿で正座をしている自分がいた。

手紙を書こうとしているのだが、手が震えて書けない。

恐怖というより緊張と、後に残る人に何かを残したい気持ちでいっぱいで、どうしたらいいのかわからない状態だ。

やがて二人の男に両脇を抱えられて、牢の外に連れ出される。

河原だ。

筵の上に正座をさせられる。

目の前には掘られた穴がある。

彼女の左側に侍が立った。

朝倉は首を穴に向かって突き出して穴の底を見ていた。

首に衝撃が走る。

刀が首に刺さっていた。

血が切り口から流れ落ち、身体全体を濡らしていくのがわかった。

ゆっくりと後ろを向いて、刀で自分を斬りつけた男の顔を見る。

斎藤だった。

汗をびっしょりとかいて目が覚めた。

口の中に微かな鉄の味が残っている。

その夜から頻繁に、同じ悪夢を見るようになった。


半月後。斎藤が爽やかな表情で朝倉に言った。

「あの悪夢を見なくなりました」

朝倉は今でも年に数回はその悪夢を見るという。

斎藤に斬首刑を失敗される夢を……。

よいしょ！　よいしょ！

「ネカフェ難民を約三年やりましたよ。ネカフェ難民なんて言葉が作られて社会問題になる前ですけどね」

小規模の劇団に所属している川端は三十代の男性である。

住所不定無職の頃は、衣服などを月八千円のレンタルルームに預け、ネットカフェで宿泊をする生活をしていた。

「仕事はネットカフェのパソコンで探します。日雇いですけどね」

ネットカフェで辛いのは足を伸ばして眠れないことだという。

お金に余裕がある時は新宿の大衆酒場でお酒を飲むのと健康ランドに行くのが唯一の楽しみだ。

大衆酒場でお酒を飲んでいると合い席の初老の男と意気投合した。

川端は役者を目指していることやネットカフェで暮らしている境遇を話した。

男性は高橋と名乗り、町工場で社長をしているという。

高橋も若い頃は役者になる夢があった。

「その日暮らしは大変だろう。住む場所も用意してやるから俺の工場で働け」

川端に名刺を渡し、働く気になったら電話しろという。

「酒の席での話なので期待はしてなかったんですが。電話をしてみました」

電話に出た高橋は「時間があるのなら面接に来い」という。

川端は一時間後なら行けますと伝えた。

「家賃はひと月いくらなら出せそうだ？」と訊かれ、川端は「とりあえず月々レンタルルーム代の八千円なら大丈夫」だと答えた。

自分で言っておきながら、それは無理だよなと反省していると「八千円か。友人の不動産屋に頼んでやるよ」と言われ電話は切れた。

名刺にある住所に行くと小さな町工場があった。

緊張しながら事務所に入ると、高橋がニコニコしながら出迎えてくれた。

電気部品のメッキ塗装をしている工場だという。社員はパートも入れて二十六人。

ひと通り工場を案内され作業の説明を聞き事務所に戻った。

「できそうか?」

「はい。よろしくお願いします」

「住所不定じゃ保険に入れないからな。次は住む場所だな。友人の不動産屋に八千円で住める物件を頼んでおいたからな」と、とんとん拍子に話は進んだ。

暫くすると高橋の友人の不動産屋の男性が訪ねてきた。

初老の男性は笑いながら「お兄ちゃん。礼金敷金も無しで八千円の部屋ならあるから安心しな。ただし条件がある」と言う。

川端は事故物件でもいいと思った。

だがそうではなかった。そのアパートは半年後に取り壊されるという。半年後には出てもらうがそれでもいいかと。

初老が運転する車で内見に行った。

幹線道路から車一台がやっと通れる路地のような細い道に入り、少し走った住宅街にアパートはあった。

木造モルタル二階建て築四十年のアパート。一階と二階に各六部屋がある。

二階の右端の部屋に男性の老人が住んでいるだけだという。

「どこでも好きな部屋を選んでいいぞ」

一階の左端にある一〇一号室の部屋に決めた。

間取りは1DKで風呂とトイレがある。

風呂は過去に空焚きで浴槽が燃える事故があり、それ以降は全部屋の湯を沸かす釜を外したので使えないという。ただし温水シャワーを使うことが出来るので嬉しかった。

契約を済ませ今日からこの部屋で暮らすことにした。

畳がボロボロの六畳の部屋だが、足を伸ばせて眠れるのは嬉しかった。

次の日にはレンタルルームを解約して、すべての荷物を運び込んだ。

荷物はダンボール四個分しかなく、タクシーで運ぶことが出来た。


町工場で社員として働くことになる。

朝の九時から六時まで八時間労働。流れ作業で進むので慣れるまでは大変そうだ。

社員は気さくで明るい人達ばかりなので、楽しく仕事ができた。

ひと月もすると仕事に慣れ、流れ作業も機械を止めることもなくやれるようになった。


「下半身が裸なんですよ」

川端は朝起きると、穿いていたはずのジャージのズボンとパンツを脱いでいた。

「枕元にジャージとパンツが丁寧に畳まれて置いてあったんです」

昨夜、年齢が近いこともあり意気投合した同僚の林田と、駅前で酒を飲んだ。

記憶がなくなるまでは飲んではいない。

それに今までもアルコールで記憶をなくしたことは一度もなかった。

川端は寝ぼけて脱いだのだろうと納得することにした。

その日を境にして、朝起きると下半身が裸であることが何度もあった。

必ず枕元に穿いていたズボンとパンツが丁寧に畳まれている。

勤務中は作業が忙しいこともあり忘れているが、帰宅する度、明日も記憶がなく下半身が裸になっているのかと不安になった。


暫くして川端は初めての給料で布団を買った。

ごろりと寝転ぶと気持ちがいい。薄汚れた天井を見ていたら眠ってしまったという。

寒さで目が覚めた。

体が動かない。

これが金縛りなんだと冷静に考えながら、早く解けないものかと天井を見つめた。

よいしょ！　よいしょ！

すると足元の方角にある台所から声が聞こえてきたという。
子供達が同じリズムで掛け声を上げている。
声がする方向を見たいが、首が固定されたように動かず、天井を見るしかない。
耳を澄ませ音の主に意識を集中した。
声はだんだんと大きくなる。小学生ぐらいの男の子達の声だ。
「よいしょ！　よいしょ！　よいしょ！」
声は小さいが元気な子供達の掛け声だとわかる。
ただ声がしてくる位置が奇妙だ。高さが低すぎるのだ。
頭の高さと同じぐらいの位置から子供達の声が聞こえるのだ。
「子供の生首が此方にゴロゴロと転がってくる姿を想像して」
恐ろしくなってきた。
身体が動かないので最悪の体験をしても逃げられない。
今、置かれている状況をリアルに理解するとますます怖くなってきた。
「よいしょ！　よいしょ！　よいしょ！」
足元まで声の主達が近づいてきた。
掛け声が終わる……。沈黙が続いた。

這い上がってきたという。

ジャージのズボンを小さな手で掴まれた感触が、足から伝わってきた。

川端は首をなんとか動かし足元を見た。

「信じてもらえないかもしれませんが。身長が十五センチぐらいの小人なんです」

川端の足元からよじ登ると、小人はドカドカと川端を踏みしめながら下半身から胸のあたりまで歩いてきた。

青色のツナギを着た小人は三頭身で頭部が全体の三分の一を占めている。

顔は六歳ぐらいの子供だ。

とても嫌な気持ちになる笑顔である。

小人はみぞおちの辺りで立ち止まり仁王立ちになった。

跳ねるとその場で四つん這いになる。みぞおちにドスッと軽い衝撃を感じた。

小人は川端の目を覗き込むように見つめると、コロコロと転がりながら畳に落ちた。

「よいしょ！」

落ちた小人が掛け声をあげる。

それに合わせるように、彼の周りに集まった小人達も掛け声を掛ける。

「よいしょ！　よいしょ！　よいしょ！」

川端はものすごく嫌な予感がしたという。

小人達は彼が穿いているジャージのズボンのウエストの左右に集まった。

見た目が同じ六人の小人達が、川端のズボンのウエストの部分を小さな手で掴んだ。

嫌な予感は的中した。

「よいしょ！　よいしょ！」

掛け声を合わせてズボンを脱がし始めた。

川端はなんとか抵抗しようと試みるが身体が動かない。されるがままに小人達にズボンを脱がされてしまう。

小人達は歓声を上げると再び掛け声を上げた。

「よいしょ！　よいしょ！」

掛け声に合わせて六人で協力しあい丁寧にズボンを畳むと彼の枕元に運んだ。

「よいしょ！　よいしょ！」

川端は根っからのボクサーパンツ派。お気に入りの青いボクサーパンツの端を、小人達が小さな手で掴んだ。

「よいしょ！　よいしょ！」

やめてくれ！　と出ない声を上げるが、抵抗もできない。

パンツは簡単に脱がされて、同じように小人達は丁寧に畳むとズボンの上に置いた。

「非現実的すぎて。怖いと言うよりも思考が停止しそうでした」

ただ三十歳の男が下半身むき出しにされて仰向けに寝ている姿を考えると、恥ずかしさと情けなさで複雑な気持ちになったという。

六人の小人は彼の腰のあたりに集合すると、無言でむき出しになった下半身を見つめていた。

「ものすごく嫌な予感がしてきて……」

小人達の掛け声が始まった。

「よいしょ！　よいしょ！　よいしょ！」

六人の小人は下半身によじ登り、彼の縮み上がっているナニを小さな手で擦りだしたという。

「よいしょ！　よいしょ！　よいしょ！」

止めてくれ！　しかし体は動かない。

「男性は命の危機を感じると本能で子孫を残そうと、性欲が高まるって知ってました？

あれはきっとそうなんだ」

川端のナニはギンギンである。

小人達はますます踊り狂うように小さな手で擦った。

「ここで発射すると人として何か大切なものを失うような気がして。必死に頑張ったのですが……」

体中に電気が走り目の前が暗くなった。

気がつくと朝になっていた。

下半身は裸。

枕元には丁寧に畳まれたズボンとお気に入りの青いボクサーパンツがあった。

誰にも話さなかったという。

「幽霊の話をテレビなんかで見ると馬鹿にしてました。幽霊なんているわけ無いとね。普通はそうですよね。小人ですよ。それも小人がイタズラをするなんて」

誰かに自身の体験談を語ったら、気が狂ったと思われかねない。

小人は毎晩出た。

「強烈な睡魔で眠ってしまうんですよ」

目を覚ますと身体を動かすことができず、六人の小人にパンツを脱がされてナニを擦られる。

よいしょ！　よいしょ！

必ず気絶をして気がつくと朝だという。

部屋を出ようかと考えたがお金がない。

社長に相談しようかとも考えたが、どのように話せばいいのかわからず一週間が過ぎた。

出社すると林田が「お前どうしたんだ。顔を鏡で見てみろ」と驚いた顔で言った。

鏡には目の下に黒いクマを作った自分の顔が映し出されていた。

林田には話すことにした。

「……笑わないでくれよ」

笑わないから、信じるから話してくれと林田は言った。

今まで起こった怪異をすべて話した。

「……小人」と呟くと、林田は吹き出した。

「悪い、悪い。信じるよ。俺がやんちゃしてた時にさ。友人と廃墟で悪さして祟られたことがあるんだよ。その時に助けてくれた神社の神主さんがいるんだけど相談してみろよ」


社長には体調が悪いと伝え、早退させてもらうことにした。

彼の顔を見た社長は驚き、ゆっくり寝て何か栄養のあるものを食べろと五千円を渡した。

嘘をついた後ろめたさと嬉しい気持ちに涙が出たという。

林田に教えてもらった神社に着いた。

神主らしい男性が竹箒で枯れ葉を掃いていた。

神主は川端の顔を見るなり「何をしたんだ。とにかく話を聞くから入りなさい」と言い、川端は体験している怪異をすべて話した。

あの世の者と関わり続けると生気をとられて命を持っていかれる。とても危険な状態だと言われた。

神主は祈祷をおこない、三枚の御札を渡してくれた。


アパートに戻ると御札を玄関と台所と部屋に一枚ずつ貼る。

布団に寝転がっていると睡魔が襲ってきた。

目が覚める。金縛りで身体が動かない。小人達の声が聞こえてきた。

「わっしょい！　わっしょい！　わっしょい！」

掛け声は「わっしょい」に変わり、いつも以上に激しかった。

下半身を裸にして暴れ狂う小人達に、今夜も気絶させられた。

「御札は効果なし。それどころか小人達がパワーアップしている。洒落にならないですよ」

怒りが湧いてきた。

よいしょ！　よいしょ！

早朝神社に赴き、神主に昨夜のことを話した。

神主は御札をパンツに貼らないと効果はないという。

胡散臭かったが、その日の夜、直接御札をパンツに貼るのは流石に気が引けるので、ラップで御札を包んでズボンとパンツの間に挟んだ。

寝転んで天井を見ていると、耳鳴りがすると同時に金縛りになった。

「わっしょい！　わっしょい！　わっしょい！」

台所からいつものようにあの元気な小人達の掛け声が聞こえてくる。

六人の小人達はズボンを脱がすと……パンツの上にある御札を見て声と動きが止まったという。

小人達は爆発するように弾け散った。

川端は金縛りが解けたので、布団の上に正座して御札に手をあわせた。


「天井から視線を感じたんですよ」

天井板に巨大な男性の老人の顔がへばり付いていた。

お面のように顔の部分しかない。

頭から顎までが、一メートルはある巨大な老人の顔だ。
顔は右の方に動くと、壁を抜けて隣の部屋へと消えていった。
その日を境に小人達は出なくなった。

暫くして、仕事が終わり帰宅するとアパートの前にパトカーが停まっていた。
数人の警察官と不動産屋の初老の男性が二階から降りてきた。
二階の右端に住んでいた老人が孤独死したという。
今でも川端はその工場で働いている。

祖父とあやかし

今から六十年以上前の話である。

和歌山県田辺市本宮町《ほんぐうちょう》の山村で生まれた、私の母の父親、寅三は、林業で生計を立てていた。

親方をしていた寅三は肝が座った男だったという。

家族が住む山村では、二十年に一度、山中にある『お社《やしろ》』の屋根を作り変える行事があった。『お社』の屋根を新しくしないと村に災いが起こる。

祟るのだ。

村人から必ず死人が出るのだ。

屋根を修復するには決め事がある。

『長《ちょう》』と呼ばれる責任者を決めて工事を行う。

だが『長』は工事が終わると死ぬのだ。

過去に一度だけ、『長』を決めずに工事を進めたところ、村が災難に見舞われ多くの死人が出たという。

新年から村では『長』を決める寄り合いが何度も行われたが、誰もなりたがらず、お社の屋根の工事を始める日程すら決まらずにいた。

夏が過ぎ、秋になった。

正月前に工事を終了させないと村に災いが起こる。

その日も話は一向に進まなかった。

寅三が「俺が『長』になる」と手を上げた。

「今からお社で話を付けてくる。お前らは待ってろ」

寅三は酒を一気に飲み干すと深夜の山道に入っていった。闇が広がる山道を一人で黙々と登っていくと、小一時間で山の中腹にあるお社に着いた。

寅三は鎮座するお社に向かって啖呵《たんか》を切った。

「神さんよ。あんたは何もしなければ祟る。関わっても祟る。いいかげんにしろよ！　村と一緒に朽ち果てたいのか！　俺の命はくれてやる。俺が『長』になってやるよ。だけどな、俺には九人も子供がいる。その子供達が全員独り立ちするまでは俺の命を持っていかないと約束してくれたら『長』になってやる」

寅三は『長』になった。

日程が決まり、事故もなく無事に『お社』の工事は終わった。

暫くすると寅三の様子がおかしいことに、妻が気づいた。

自宅の門前に大きな柿の木がある。柿の木には人が座れるぐらいの長さがある枝が横に伸びている。

毎朝寅三が、その枝に向かって怒鳴るのだ。

柿の木にも周りにも誰もいないのに、だ。

見かねて妻が寅三に理由を聞いた。

「天狗《てんぐ》がいるんだよ」

お社の工事が終わった次の日から、天狗が現れたという。髪も顎に生えた長いヒゲも白髪で、白い着物を着た老人が柿の木の枝に座っている。

「お前は誰なんだ！」

と問いただすと、老人は「私は天狗だ」と答えた。

おかしな爺さんがいるもんだと無視して仕事に行くのだが、老人はニコニコ笑いながら後を付いて来る。

仕事中も少し離れた場所から見ているので、いらいらしてきた寅三は若い衆に「邪魔だからあの爺さんを追い返してくれ」と頼んだ。

その時初めて、老人が自分だけに見えているとわかった。


毎朝、柿の木に、自称天狗の老人が座り、寅三を待つようになった。

「今では俺に付いてきて話しかけてくるんだよ。うるさいから怒るんだけどな」

話し好きの天狗は朝に現れ、夕方になると山に向かって飛んで帰っていくという。

直立不動の姿で空を飛ぶ姿は滑稽で面白いぞと笑った。

妻は寅三の頭がおかしくなったと悲しんだ。

ひと月もすると、寅三は天狗に我慢できなくなり怒りを爆発させた。

「天狗さんよ。俺は逃げも隠れもしないから。約束したように子供達が全員独り立ちしたら命をやるから。ただお前さんがいるから仕事に集中できないんだよ。だからもう来ないでくれ！」

天狗は暫く考えるとこう言った。

「そういうわけにもいかんのだ。役に立つ力を与えてやるからそれでどうだ？」

天狗は寅三達の仕事を見ていて、木から落ちて捻挫する者が多いことに気づいた。

その捻挫を治す能力をおまえに与えてやるから我慢してくれという。

但し、捻挫が治せるのは足だけだ。

ケチな天狗だと寅三は思いながらも能力をもらうことにした。

最初は仕事場で捻挫をした職人達を治していた。

本当に治るのである。その噂が村に、そして町に広がり、捻挫を治してもらおうと何時間も杖をついてまで怪我人達が来るようになる。

治療方法は少し変わっていた。

寅三だけでは治療できない。捻挫した場所に自分の手を置いて、その手の上に寅三にしか見えない天狗が手を乗せることにより治療ができる。

だから天狗がいないと治療できないのだ。

治療中も、話し好きの天狗が寅三にどうでもいい話題を振ってくる。

治療に来た人達は、寅三が一人で見えない誰かと喋る姿を気味悪がった。


私は子供の頃のある記憶が蘇った。

小学校一年生の夏休み、本宮町にある母の実家で一ヶ月間過ごしたことがあった。

トイレが外にありとても怖かった。

特に、トイレの横にある物置小屋の中が不気味なのだ。

薄暗い室内に無数の木の棒が置かれていた。

一メートル前後の長さの木の棒が、山のように積まれているのが怖かった。

祖父に纏わる話を聞いてあれが何かわかった。

あの木の棒は杖なのだ。理由はわからないが、捻挫が治った者は、必ず使っていた杖を置いていくという決まりがあったという。

あれは祖父が治療した沢山の人達の杖だった。


私の母は九人兄弟の末っ子である。

母の結婚ですべての子供達が独り立ちをしたことになった。

母が父と結婚して暫くすると、祖父がガンになりひと月で亡くなった。

だから私は祖父を写真でしか知らない。

この話には続きがある。

大阪に住んでいた両親は、私が東京で働くようになると母親の兄弟が住んでいる三重県に引っ越した。

私は毎年正月になると、三重県にある両親宅に帰るのだが、その時に母親の兄弟が私のために集まり、東京の話や昔話に花を咲かせる。

私が怪談を蒐集しているのを母親の兄弟は知っている。

実話怪談の共著で執筆した書籍も読んでくれていた。

なぜか今まで、祖父と天狗の話は話題に出たことがなかった。

祖父と天狗の話を聞いた次の日。

十数年間行方不明になっていた従兄弟がひょっこりと帰ってきた。

何処にいるのかは不明だったが、従兄弟の母親には毎月お金が振り込まれていたので、どこかで生きていることはわかっていた。

私と十歳以上離れている従兄弟とは、子供の頃によく遊んでもらい大好きだった。

「今、とある先生の元で霊媒師になる修行をしているんだ」

彼は元旦の真夜中に修行のひとつとして滝行を行ったという。

真冬の滝行は命に関わる危険な修行である。邪念をすべて無くし、命を落とすギリギリの厳しい状態で滝に打たれるのである。

祖父といた天狗と関わりを持つための修行だという。

祖父と天狗の話を初めて聞いた次の日に従兄弟が帰ってくる——奇妙な因縁を感じた。

私は『お社』をもっと詳しく知りたくなり、『お社』をこの目で見たくなった。

祖母は既に他界している。母や親類達も記憶が曖昧で、正しい場所はわからなかった。

その後もいろいろ調べていると、昭和の初期まで、元旦の真夜中に七歳になった長男を父親が背負ってお社に置いてくるという村の行事もあったらしい。

山中に置き去りにされた子供は一人で家まで帰ってくる。

祖父が関わったのと同じ『お社』の可能性が高い。

今は村には誰も住んでいないようで、村の歴史を知っているのは学校の校長先生をしていた男性だけだろうという。

場所も検討がつき、休日を取って行くことになっていた。

しかし水害により中止せざるを得なくなった。

その後計画を立ててもトラブル等の理由でどうしても行くことが出来なかった。

最近、従兄弟は滝行で顔面神経痛になり霊媒師になることを諦めた。

私は『お社』に行きたい気持ちと行きたくない気持ちがある。

『お社』に行くとあやかしと縁を持ち、後悔することになるのではとの恐れのような予感がある。

しかし私の意思に関係なく、その時が来ると関わることになるような気がしてならない。

ついてくる

結菜は霊が見える。但し、必ず見えるわけではないという。

「霊と波長みたいなモノが合ったときに見えるのかな」

霊が見えることはなるべく秘密にしている。

「見える」なら「祓える」ものだと思い込んでいる人と関わり、苦い経験を何度もしたからだ。

ただ見えるだけなのだ。見えるだけで、何も出来ない。


友人の美咲からＬＩＮＥが入った。

引っ越しの荷物が片付いたので遊びに来ないかという。

美咲が住んでいるマンションは、賃貸契約を決める際の内見に付いて行った。

「見える人」だと知っている数少ない友人なので、部屋に幽霊がいないか見てくれと頼まれたのだ。

「そういうことをするのは本当は嫌なんだよね」

室内には霊的なモノはいなかったので、美咲はそこに決めたのだ。


昼過ぎにマンションに到着した。

四階にある２ＤＫの室内は綺麗に片付いていた。

美味しいお茶を入れるからと、通されたフローリングの洋室で危うく声を上げそうになった。

女がいた。

部屋の隅の壁に寄りかかる様に、背中を壁に付けた水色のワンピースを着た女が立っているのだ。

表情はわからない。

「首を下に曲げて黒髪が顔を覆ってるの。全体はピントが合わない画像のようにボヤけているの」

女は自分の足元をただ見つめている。二人には関心がないようだ。

「うまく説明できないんだけど、悪意があるかどうかはわかるんですよ」

女からは悪意のような意思はひとつも感じなかった。

「あえて言うのなら〝無〟かな」

実は結菜はこの女を知っていた。美咲が以前住んでいた部屋にも同じ女がいたのだ。

前の部屋から美咲に憑いて来たようだ。

無害な霊なので今回も彼女には黙っておくことにした。

「私はどうすることも出来ないしね」

一ヶ月が過ぎた頃。

美咲からＬＩＮＥに子猫の写真が送られてきた。

猫を飼い始めたので遊びに来ないかと。

あのマンションにはできるだけ行きたくなかったが、ワンピースの女も気になるので行くことにした。

ドアを開けると美咲と子猫が出迎えてくれた。可愛いぶちの子猫だ。

美咲は、この子は少しドジだけど可愛いのよ、と猫自慢を始めた。

フローリングの洋室の部屋の奥から、強烈な殺意にも似た感情が噴き出してきているのがわかった。

こんな殺意に満ちた感情を感じるのは、その時が初めての経験だったという。本当は帰りたかったが、そのままにするわけにもいかず、理由だけでも知りたくて部屋に入った。フローリングの洋室を恐る恐る覗いてみると、ワンピースの女が直立不動の姿でこちらを見ていた。

初めて女の顔を見た。鬼のような形相だ。

結菜は、目を合わせるとヤバい、と下を向いた。

「この感情は私や美咲に向けられたものではないとすぐにわかりました」

殺意の感情の標的は子猫だった。

流石に女がいる部屋には居たくなかった。

「隣の部屋を見てもいいかな」と言った結菜に、霊感がない彼女も何かを感じているらしく「最近この部屋にいると落ち着かないんだよね」と言った。

美咲は子猫が何度も玄関の鉄製の扉に挟まったという。

昨日は窓から下に落ちそうになった。

美咲はドジな子猫だと笑っているが、あの女が子猫を殺そうとしているとしか思えなかった。

このままでは子猫が殺されてしまう。

話しているうち、このマンションではペット飼育禁止だとわかり、美咲にやんわりと猫は飼っては駄目だよと説得をすると簡単に納得をした。

フローリングの洋室の部屋から噴き出してきていた悪意の感情が消えていくのがわかった。

結菜は部屋に入った時から本棚にあるアルバムが気になっていた。

そのアルバムを見なければならないとの思いが強烈に湧いてきたという。

結菜は昔からそういう直勘が当たった。

アルバムには美咲が子供の時の写真が貼られていた。

「見つけたんですよ」

あの女が写真の中に何枚も写っていた。

結菜はその中の一枚を指差した。

それは小学生の美咲を室内で撮影したスナップ写真。

「この人形はどうしたの？」

ポリ塩化ビニル製品に見える、二十センチぐらいの人形が後ろの棚に置いてあった。

人形は水色のワンピースを着ていた。

母親から貰った人形で、子供の頃は大切にしていたが実家に置いてきた。

母も祖母から貰い受けた古い人形とのことで昔から実家にあったという。

フローリングの部屋の隅に人の姿で水色のワンピースを着た人形が立っているのは……。

人形が美咲に憑いてきたのだ。

美咲は飽きやすい性格だと思っていたが、本当はそうではないのかもしれない。

恋愛をしてもすぐに冷めて別れ、趣味を始めても半年と続かない。

もしかするとあの人形が関係しているのかもと思えた。あの人形は、美咲が好きになったり愛情を持った対象物に嫉妬して、悪い影響を与えているようだ。

今回も美咲は子猫を簡単に手放した。子猫の里親は直ぐに見つかり最悪の事態にはならなかった。


今でもあの人形は部屋の隅に立っている。

首を下に曲げて黒髪が顔を覆って表情はわからない。

結菜は、水色のワンピースを着た人形が部屋の片隅にいることを美咲に伝えるべきか迷っているという。

友達思い

高校二年生の春奈は怪談が大好きである。

ユーチューブで怪談を観てハマったという。

「日曜日にね。同じクラスの優花から、遊びにおいでよってＬＩＮＥが入ったの」

両親が法事で留守だという。自宅に遊びに行くと、同じクラスの友人四人が優花の部屋で楽しくおしゃべりをしていた。

テレビドラマのこと、ハマっているスイーツのこと、好きな男の子のこと……いつも集まれば話している話題だが楽しかった。

あの番組は怖かったよねと、優花が先週放送されていた心霊番組の話を始めた。

その流れで六人は車座になり、怖い話を順番に話すことになった。

次々と語られる話は、日頃から怪談系のユーチューブを見ている春奈からすると、レベルの低い怖い話だった。

「ものすごく怖い怪談を話そうかと考えたんですよ。でも止めました」

よくある都市伝説を話した。

二周目になった時、春奈は彼女の前に座る葵の様子がおかしなことに気づいた。

「葵は怖い話が始まるとはしゃいでいたのに。下を向いて心ここにあらずって感じなんですよ」

顔面蒼白になっている。

「葵。どこか具合でも悪いの？」

春奈が話しかけると、無言のままボロボロと涙を流し出した。

「みんなびっくりですよ」

話しかけても葵は無言で嗚咽している。

「どうしたの？　葵」

葵はちらっと春奈を見ると、左腕を肩の位置まで上げて春奈を指さした。

「なんで私を指さすのって」

春奈は意味がわからず狼狽した。葵は首を左右に振った。

「違ったのよ。私の後ろにある姿見の鏡を指さしていたの」

全員が鏡を見た。

鏡の中には老婆の姿があった。
悲鳴をあげて部屋から転げるように逃げた。
外に避難し、門の前で今見たものを確認しあった。
全員が老婆を見ていた。
「怖くって玄関前で、皆で泣いちゃった」
少し落ち着き、何があったのか葵に訊くと、二周目に入った時に気づいたという。
鏡に老婆が映っていた。
初めはポスターが鏡に映っているのかと思ったが……あれはポスターではない。
老婆は鏡の中にいるとしか考えられない。
老婆は葵を見て微笑むと、右手の立てた人差し指を自分の口に当てた。
そのポーズから「静かにしていろ、誰にも言うな」
とのメッセージだとわかり、怖くて何も出来ず下を向いていたという。

暫くすると優花の両親が帰ってきた。
両親に今見たことをすべて話して、優花の部屋を見に行ってもらうが、鏡には老婆の姿は無かった。

優花は部屋で一人になるのが怖く、暫くの間、両親と眠った。

怖いので姿見を使っていない部屋に移動させたという。


後日あの老婆が誰かわかったと優花からＬＩＮＥが入った。

画像も一緒に送られてきた。

画像の老人は昨年亡くなった優花の祖母だという。

「ビックリして逃げたからわからなかったけど、後で冷静になって考えてみたらお祖母ちゃんに似ていたと言うんですよ」

そしてあの日はお祖母ちゃんの法事でもあった。

生前も悪戯好きなお祖母ちゃんだったので孫を脅かしに来たのだろうという。

春奈にも同一人物かどうかを確認して欲しくて、画像を送ってきたのだ。

春奈は一瞬しか見ていないので、同一人物なのか判断はできなかった。

「でも、あの老婆は優花のお祖母ちゃんにしておいた方が、優花は怖くなくなると考えてね。お祖母ちゃんに間違いないと返信したよ」

ガリッ

クラブのママが話してくれた怪談。

「お客さんに纏わる話なのでお店の名前は伏せてくださいね」

常連客の高木は二十代後半で一流企業に勤めている。

店にはブランド物のビジネススーツに趣味の良いネクタイ姿で必ず来るのだが、今日は地味な黒い上下のスーツにノーネクタイで訪れた。

友人のお通夜の帰りだという。

「表情が暗いのはそれだけが理由だとは思えませんでした。お客さんの表情や雰囲気でわかることがあるのよ。お店の女子達は、ママそれは霊感ですよって」

ママは高木から嫌な空気を感じていたという。

高木の横に座った。

「高木さん。唐突にこんなことをいうのはおかしいと思われるかもしれませんが――。私は不思議な体験をいろいろしているから、そういう類いの話は信じますよ」

ママにはわかるんだ、と高木は大きな溜息をつくと話し出した。

「実はね。一ヶ月前に友人の男三人と心霊スポットに行ったんだよ――」


なぜ心霊スポットに行こうという話になったのかは覚えていない。

車なら小一時間で行ける心霊スポットをスマホで検索しながら喋っていると、Aが怖い場所を知っているという。

「地元の人間しか知らない水子供養をしていた廃寺がある。そこはガチに怖いから行こう」

Aのナビゲートで、高木が運転する車は幹線道路を小一時間走り、山道に入る。

アスファルトで舗装されてはいるが、車一台しか通れない山道だ。

ライトで照らされたアスファルトには亀裂が所々にあり、そこから雑草が生えている。

高木は心配になってきた。

「Uターンできないぞ。本当に大丈夫なのかよ」

Aは廃寺に少し開けた場所があるので問題ないという。

〈ガリッ〉

高木は〈ガリッ〉という音を聞いた。正しくは聞こえたと言うより、食事中に硬物を噛むと鼓膜ではなく歯から骨に伝わり聞こえるあの音だ。

〈ガリッ〉

なんでこんなふうに音が聞こえるんだ？　と考えていたら、助手席に座っていたAが、

「今〈ガリッ〉という音が聞こえたよな」

と言う。後ろに座っていたBも聞こえたと声を上げた。

「聞こえた！　聞こえた！　何か変だぞ」

しかし高木の後ろに座っていたCは違った。

「お前らやめろよ。音なんか聞こえねえよ。俺を脅かそうとしているのかよ」

AとBが、本当に聞こえたからと話していると、唐突にCが絶叫した。

「おまえら！　絶対！　許さないからな！」

高木は驚いて車を停めた。

Cが下を向いて震えていた。震えながら声を殺して泣いている。

Cは泣きながら高木の顔を見た。

「……違うんだ。違うんだよ。勝手に声が出たんだよ」

自分の意志とは関係なく口が勝手に言葉を叫んだので、Cは怖くなり震えながら泣いて

いたのだ。
これはもう無理だとなり、帰ることにした。
車のフロントに草や木がバリバリと当たるのを聞きながら、強引に車の向きを変える。
車内では全員が無言だった。
やがて、車一台しか通れない山道は直線の道になった。
突き当たりにはオレンジ色のカーブミラーがあり、道は右に曲がっている。
助手席のAが突然叫んだ。
「止まるな！　止まるな！　絶対止まるな！　止まるな！」
続いてBとCも叫ぶ。
「行け！　行け！　行け！　行け！　行け！　行け！」
「止まるな！　止まるな！　止まるな！　止まるな！　止まるな！」
高木は三人が叫んでいる理由が初めはわからなかった。
……前方にあるカーブミラーの横に、女が立っていた。
黒い着物の女だ。胸のあたりで子供を抱いている。
真夜中の山道で子供を抱いた女がいるわけがない。
山道には車を転回させる広さがない。

前進するしかない。

高木も悲鳴のような絶叫を上げながら女に向かって車を走らせた。

「止まるな！　止まるな！　止まるな！　止まるな！」

「行け！　行け！　行け！　行け！　行け！　行け！　行け！」

「絶対止まんねぇよ！」

車が右折する一瞬だったが四人は確かに見た。

女が抱いていた子供を自分の顔の方に持ち上げ、子供の頭に噛み付く姿を。

張り裂けんばかりに開けた口で子供の頭を噛んだのだ。

〈ガリッ〉

と子供の頭を噛んだ音が響いた。


「でねママ。今日さ。Ｃのお通夜だったんだ」

酒が飲めないはずのＣは泥酔して公園で眠り、死んでいたという。

「行政解剖されたんだけど。事件性がなく凍死だと」

高木は表情が暗くなった。

「お通夜でね。Ｃの顔見ようと棺桶の中を覗いたら。あいつの頭が包帯でグルグル巻きになっていた」

警察の見解は、凍死した後に野良犬に噛まれたのだという。

「俺はそうとは思えないんだよな。あの女が噛んだとしか……」

後日、高木とAとBとでお祓いに行くことにしたそうだ。


「高木さん。また来てくださいね」

帰る高木の背中を見ていたママには違和感があった。

「高木さんは廃寺に行く途中で女を見たと話してくれたけど——本当は廃寺で何か駄目なことをして、それを隠しているように思えるのよ」

コニャックをボトルキープしてくれた高木は、その後二度とお店に来ることはなかったという。

事故物件でのロケにて

心霊アイドルのりゅうあは事故物件に住んでいる。

理由は幽霊とお友達になりたいから、だ。

彼女が住んでいるアパートは駅から徒歩五分。最寄りの駅を降りると繁華街が広がり、若者たちが青春を謳歌している。

同じ条件のアパートと比べると家賃が破格である。

「安すぎるから事故物件ですか？　って聞いたら、キャンペーン中だから安くなってますって言うんですよね」

後でわかるのだが、前に短期間だが入居した者がいたので、事故物件としての告知をしなくてもよかったのだ。

条件が気に入ったので内見に行った。

外にある鉄の階段を上ると二階には二部屋ある。隣の部屋には女性が住んでいるという。

和室が二部屋ある2Kだが、部屋に入ると、奥にある脱衣所の天井が奇妙なのだ。低いのだ。隣の部屋と比べると天井が低くなっている。

それは元々あった天井を隠しているように見える。

その場所に幽霊がいることをヒシヒシと感じたという。

幽霊とお友達になりたい彼女は、その物件に住むことにした。

「契約しますと言うと、不動産屋の人達が驚いた顔をしてね。別の物件を必死に勧めだしたんですよ」と、りゅうあは微笑んだ。

引っ越しを済ませ暫くすると、管理会社から「何もないですか？」と、確認の電話が三度もあった。

「本当は幽霊さんが悪戯をしていたんですよ。でも『何もないですよ』って答えたら、管理会社の人が驚いてました」

怪奇現象は、天井が低い脱衣所と風呂場で多く起こった。

風呂場の脱衣所と部屋を仕切っている扉が勝手に開閉するのだ。

風呂に入っていると、浴室の扉をガンガン蹴られることが頻繁に起こった。

スマホで脱衣所を撮影すると長い布のようなものが撮影された。

脱衣所に男が立っていた。

スーツ姿の三十五歳ぐらいの男性だという。

「ここで亡くなられた男性なんだなと……。悪戯していた幽霊さんがわかりました」

一階には大家である初老の女性が住んでいた。

顔を合わすといつもニコニコと笑顔で挨拶をしてくれるのだが、前々入居者の話題を出すと、鬼のような形相になりそそくさと自分の部屋に戻っていくという。

「三度も訊いたんですよ。三度とも同じことをされました」

男の子や他の幽霊も出るようになった。

怪談好きの友人知人達と、部屋の中でこっくりさんのような降霊術をやるので集まってくるようになったのかもと微笑んだ。

最近では心霊イベントに主催やゲストで参加すると、スーツ姿の男性の幽霊がマネージャーのように付いてくる。怪談系のイベントが終わり帰宅した夜は、楽しそうな男性の鼻歌が聞こえることが何度もあるという。

彼女が心霊アイドルと名乗った後にも、数々の心霊系のアイドルが登場したがことごとく消えて行った。話題作りが目的では心霊アイドルにはなれない。

心霊アイドルの道は険しいのである。

彼女は話題作りで事故物件に住んでいるのではなく、純粋に幽霊と友達になりたい気持ちがあるから、幽霊達とうまく共同生活ができているのかも知れない。

私は彼女が住む事故物件には興味があった。

昨年、怪談番組のロケ撮影があった。怪談を語る芸人さんと怪談マニアが、都内近郊にある心霊スポット巡りをする番組だ。

私もゲストで参加することができた。

バスで移動をしながら番組MCの二人に、今から行く心霊スポットに纏わる怪談をバスの中で語るという進行で撮影は進められた。

外でのロケ撮影は二十一時前にすべてが終了した。

ロケの最後は、りゅうあが住む事故物件の部屋での撮影だ。

二十二時過ぎに部屋に着いた。都内の繁華街にあるその家には、先乗りしたスタッフ達が撮影の準備のため動き回っていた。

しかしスタッフ達の様子がおかしい。

照明部の男性が言うには部屋に入ると気持ち悪くなり、他の男性スタッフも同じように部屋にいると気持ち悪くなるので外に出ていたという。

狭い鉄の階段を上がり、二階にある彼女の部屋に入ると——空間が曲がっていた。

そうとしか表現できない。室内に奇妙な歪みを感じるのだ。

だまし絵の世界にいるように遠近感が怪しくなる。

ロケに参加したゲスト全員が部屋に入り、りゅうあからこの部屋で起こった幽霊達との交流談を話してもらう。

集中的に障りを受けたのは若手お笑い芸人・風来坊の伊山亮吉だ。自称「お笑いよりも怪談の方がうまい」という伊山は、知る人ぞ知る実力派怪談師でもある。

その彼が顔面蒼白になっている。

打合せ中に何度も吐き気を催していた。

しかし、カメラが止まると猛烈な吐き気がするのだが、カメラがまわると吐き気が治まる。撮影中に障りがあるのなら、お笑い芸人としてはおいしいのだが——幽霊はそれをわかってやっているようだ。

芸人殺しの幽霊である。

撮影終了後、伊山は一番酷い状態になっていた。幽霊に弄ばれたのだ。

すべての撮影は終了した。撤収になりスタッフ達は室内に入り機材を運び出した。

我々もロケバス前に集合する。

男性ＭＣもゲスト達も、障りを受けたようで皆調子が悪そうだ。

ロケに同行していた霊能者が、あの部屋で霊の障りを受けたスタッフと出演者にロケバスの中で順番に対処してくれることになった。

我々はロケバスの前に並んだ。

しかしなぜか私と、怪談家であり猥談家でもある住倉カオスは、霊能者からの大丈夫だというお墨付きをもらい、バスの中には入れてもらえなかった。

私と住倉は「俺達は凄いじゃん」と自画自賛していたが、どうやら本当の理由は、幽霊が二人を問題視していないからだ。

あの部屋にいる男の霊は、部屋に訪れる男性に敵意を持つのだ。

要するにヤキモチを焼くのだ。

しかしその霊は、私と住倉には敵意を向ける必要が無かった。

霊は、りゅうあが我々二人に男性としての魅力を感じるわけがないと判断し、霊的な攻撃をしてこなかったのだ。

確かに二人はハゲたおっさんだよ。

少し腹が立った。

新幹線奇談

ほとんどの新幹線は、新横浜を出ると名古屋まで停車しない。

長谷川は東京駅で買ったお弁当を食べ終わり、車窓の景色を見ていた。

流れる風景を見ていると癒される。グレーの雲がかかり裾野しか見えない富士山を見た時に、それまで視野に入る違和感があったモノが普通ではないと確信したという。

三列前の座席の上から覗く男性の頭が奇妙なのだ。

禿げ上がった後頭部の上部半分が見えているのだが、品川駅を出たときよりも大きくなっているのだ。

前列二列目の男性の後頭部と見比べると、異常に大きいことがわかる。

二倍以上あるのだ。座席の横幅を超えてはみ出している。

撮影しようとスマホを向けた。

半分しか見えてなかった後頭部がゆっくりと動いた。

長谷川さんはヤバいとスマホを隠そうとするが、金縛りになったように体が動かない。

頭はゆっくりと後ろを向こうと動いている。

大きな頭は、横顔を確認できる位置まで振り向きかけた。

顔を見たくない。

しかし身体は凍りついたように固まっている。

一列前と二列前の乗客は、なぜこの異常な状態に気づかないのか？

彼らには見えていないのか？

頭は完全に後ろを振り向いたが、額より上の部分しか見えていない。

座席から顔がゆっくりと上がってくる。

身体が動かない長谷川はアレの顔を見たくないが、目を瞑るともっと恐ろしいことが起こりそうで見つめているしかなかった。

大きな目と鼻が現れた――。


長谷川はそこから後の記憶がないという。

名古屋駅に到着する車内アナウンスでハッと我に返った。

慌てて席から立ち上がり、巨大な頭の主が座っていた座席に駆け寄る。

……誰もいない。

前の座席から倒されたままのテーブルの上に、瀬戸物の湯呑みだけが置かれていたという。

終点の新大阪に着いても席に戻って来る者は誰もいなかった。

カレラハスデニイル

「ロシア人の総合格闘家エメリヤーエンコ・ヒョードルって知っていますか？　よく似たガタイがいい男性なんですよ。身長も二メートルはありそうな。あれ話してるのロシア語じゃないのかな。なにか困っているみたいでした」

伊藤は四ツ谷駅の改札口前で大柄な白人男性が通行人に何かを話しかけているのを目撃した。

英語でも話しかけられると困るのに、それがロシア語となるとお手上げである。

伊藤は駅員がそのうち現れて対処するだろうと男性に背を向けた。

突然頭を上から掴まれたという。

「プロレス技のアイアンクローって知ってますか？　手を広げて頭を鷲掴《わしづか》みする技なんだけどね。あんな感じで脳天を掴まれたんですよ」

何故か声が出せない。

頭を掴んでいる手に力が入った。

力に逆らうと首が折れるのではと怖くなり、されるがままに後ろを向いた。

「その白人男性が、僕の頭を鷲掴みしていたんです」

男性がニコッと微笑むと同時に、伊藤の頭の中で音が鳴ったという。

「昔のPCはパソコンの電源を入れるとね〈ピポッ〉て音が鳴って起動するんです。あれと同じ様な〈ピポッ〉という機械音が頭の中で鳴ったんです」

喧騒で聞こえていた日本語が意味のわからない言葉になってきたという。

「周りにいた人達の会話が耳に入るじゃないですか。先程まで日本語だったのに、〈ピポッ〉て音が頭の中で鳴った途端に、日本語では無くなってきたんですよ」

伊藤には理解できない言葉で人々は会話をしている。

「今起こっていることが理解できなくて。怖くなってきました」

男性は伊藤の頭を鷲掴みにしたまま話しかけてきた。

「兄ちゃん。秋葉原にはどないして行ったらええねん」

日本語で、しかも微妙な関西弁だ。

伊藤は秋葉原ならこの駅から電車に乗れば乗り換えなしで行けると教えた。

男性は少し考えたような顔をすると、

「兄ちゃん。中野ブロードウェイはどないしたら行けんの」

と訊いてきた。

この駅から電車に乗り中野駅まで行き、駅から徒歩十分で行けると教えた。

「兄ちゃん。ありがとうな」

頭を掴んでいた手を離すと、自動券売機の方に歩いていった。

「まだ喧騒が日本語に聞こえないんですよ。頭が混乱していたら」

男性が戻ってきた。右手にはミルクティーの缶ジュースが握られている。

伊藤に缶ジュースを手渡した。

「兄ちゃん暫くしたら元に戻るから。これでも飲んで待っときや」

そう言うと、改札口からプラットホームへと入っていった。

「頭の中であの〈ピポッ〉と音が聞こえて。雑踏の声がだんだん日本語に戻ってきたんですよ……どう思いますか?」

私は即答した。

「宇宙人です」

小林は帰宅するために電車に乗っていた。

列車内は空いている席はないが、立っている人はさほどいなかった。

彼は吊り革に掴まりスマホを見ていた。

「顔がね。異常なんですよ」

目の前の席に座っている男の顔がミカン色なのだ。

「皮膚の感じも夏ミカンのあのデコボコがあって……ミカンなんですよ」

ミカン色の男は『週刊少年ジャンプ』の「ワンピース」を読んでいた。

「もしかしたら、肌がミカン色になる病気になった人の可能性があるじゃないですか。だからジロジロと見るのは悪いなって。でもね、何かおかしいんです」

小林は御茶ノ水駅から電車に乗ったが、男は既に座っていた。あんなに目立つのにミカン色であることに今まで気付かなかった。それに隣に座っているサラリーマンも、彼の横に立っている女性も気にしていないのだ。

「ちらちらと見ていたら。ミカン色の男性と目が合ったんです」

ミカン色の男は小林を下から覗き込むように見つめた。

そして男は少し驚いたような表情をした。

一瞬だったという。

「肌色に変わったんです。ミカン色が肌色に変わったんです」

男は驚いて固まっている小林を気にもせずに、再びマンガを読みだした。

小林は怖くなり次の駅で降りた。

「どう思いますか？」

私は即答した。

「宇宙人です」


久美子は、新宿駅から朝の通勤ラッシュのため車内では身動きできなくなっていた。いつものことだが、今日は少し困ったことになっている。

彼女は身長が一七〇センチある。

彼女の前に背を向けて立っている男性の頭が、丁度目の前の下にある。

脳天が丸く綺麗にハゲていた。耳の少し上辺りに申し訳程度に毛があるだけだ。

決してハゲが気になっているわけでない。

「蚊が何度も着地しようとしているのですよ。なんていうか……デリケートな部分に」

男の頭が動くたびに蚊はフラフラと飛び上がるのだが何度もハゲに着地を試みている。

そしてもう一つもっと気になることがある。

その男の綺麗にハゲた頭の中心に毛が三本生えているのだ。

それもその毛は三編みにされている。

長さは三センチぐらいなのだが、なんだか気になって仕方がない。

しばらくすると蚊がついにハゲ頭への着地に成功した。

蚊は六本の細い足で頭皮に踏ん張った。

このままでは血を吸われる。

しかし流石に手で蚊を叩き潰すわけにはいかない。

ハゲの頭に平手は恐ろしくて出来ない。

蚊は血を吸うための口器を肌に差し込んだ。

これしかないと彼女は蚊に向かってフッと息をかけた。

「衝撃な体験をしてしまいました」

突然三編みの毛がハゲた頭の中に吸い込まれるように収納されたのだ。

蚊はフラフラとどこかに飛んでいった。

「どう思います?」

私は即答した。

「宇宙人です」

豊橋は帰宅するために電車に乗っていた。

残業で、時間は二十時を回っている。

吊り革に掴まりながらうつらうつらと居眠っていると、電車がガクッと揺れて倒れそうになりイッキに目が覚めた。

駅に着いたのだ。

窓ガラス越しにホームにある駅名標を確認する。

水道橋駅だ。自分が降りる駅まで後三駅だ。電車が動き出す。

明るい駅舎から離れると、車内の窓ガラスは鏡のようになり、車内が映る。

彼の後ろの席に座っている乗客の顔がガラスに映り、見えた。

一人だけ奇妙な乗客がいた。

座席に座っている乗客の顔は表情までわかるぐらいに、くっきりとガラスに映っているのに、その男だけ顔が黒マジックで塗り潰したように黒いのだ。

黒いマスクでも被っているのか？　後ろを振り向いて確認をした。

当たり前だが男にはちゃんと顔があった。

しかし奇妙な顔だった。

笑ったお面を着けているような顔をしていた。唇の口角を無理やり引き上げて笑い顔を作っているような、不自然で仮面のような笑顔である。

高橋は背を向けて、もう一度ガラスに映る男の顔を確認した。

男の左右に座る男性の顔はちゃんと映っているのに、その男の顔だけなぜか凹凸がない黒い顔のシルエットになっている。

黒い顔の男が立ち上がった。次の駅で男は電車から降りた。

豊橋はホームを歩く男を見ないようにした。振り向かれて目が合うとトラブルに巻き込まれそうな予感がしたからだ。

閉まったドアが再び開けられた。

あの男が慌てて車内に飛び込んできたのだ。そして豊橋の顔の前にデジカメを突き出すと、彼の顔を撮影した。呆気に取られている豊橋を尻目に、またも慌てて電車から飛び出していき、ドアは閉まった。

動き出した電車のガラス越しに、あの笑ったような顔の男が右手にデジカメを持ったまま、仁王立ちでいる姿が見えた。

顔を撮られた。

豊橋は怖くなり、今は別の電車で会社に通勤しているという。

「どう思います?」

私は即答した。

「宇宙人です」

木戸は両国国技館でプロレスの試合を見ていた。

ＩＷＧＰヘビー級選手権試合のメインイベントは名勝負になり、勝負がついた瞬間、会場が歓声で爆発したという。

大満足で会場から外へ出た。

超満員だった会場から客の集団が勢いよく外に出て来る。

木戸は記念にと両国国技館から満足げに出てくる客を撮影した。

「この写真ですけど。わかりますか？」

国技館の入り口をバックに沢山の人々が撮影されている。

写真の真ん中にいる男性の顔が異常だった。

顔がズレている。

まるで被っていた仮面がズレたようになっていた。

周りには沢山の人達が撮影されているのに、その男だけ顔がズレているのだ。

「どう思います？」

私は即答した。

「宇宙人です」

この宇宙人に纏わる体験談にはある共通点がある。

四ツ谷駅。列車内。両国国技館。

すべてが、ＪＲ総武線に関わる体験談なのだ。

「総武線沿線には宇宙人がいるのです！」

早坂君

私こと、いたこ28号は東京・本郷にある旅館を借りて〈百物語の会〉を開催していた。

六十畳の宴会場で五十人の参加者が車座になり、語りたい人が徹夜で順番に怪談を語り合う会だ。

百物語の会も五回目を迎えた。

今回の〈百物語の会〉は既に参加者の募集は終了していたが「どうしても聞いて欲しい体験談があるので参加させてくれませんか」とのメールを何度も送ってくる人がいた。

彼を、仮に鈴木としよう。

私は鈴木に根負けした。

そこまでして「語りたい体験談」が気になった。

怪談マニアの心を突いてくる戦略に負けた気もしなくもないが、主催者権限で参加を特別に認めた。

八月最後の土曜日。

二十一時から〈百物語の会〉は旅館の地下にある宴会場で始まった。

鈴木は三十歳前後で中肉中背の男性である。

メガネをかけ、少し顔色が悪かった。

〈百物語の会〉はマイクを持つ者が自己紹介をして、怪談を語りたい場合は一話を語る。怪談は語らなくても構わない。どちらにしても順に左側に座っている人にマイクを回していくルールで行われる。

「語りたい」と参加表明していた鈴木は、二周目になっても怪談を語らなかった。

無表情な青白い顔で、ぼーっと前を見つめているだけだ。

休憩時に鈴木が私に話し掛けてきた。

「百話目で語らせてください」

何かを決意した……思い詰めたような表情をしていた。

午前五時過ぎに九十九話目が語り終わった。

鈴木はマイクを取り、百話目を語り出した。

私には早坂君という大学時代の友人がいました。

仕事の帰りに駅の構内で視線を感じて振り向いたら早坂君が立っていました。

「お！　三年ぶりぐらいだよな」

積もる話もあるので二人で飲みに行く事になりました。

駅前にある大衆酒場で一時間ぐらい飲んだ時です。

早坂君が「誰にも話せなくて悩んでいることがある」と言います。

私は「話してみろよ」と彼に言いました。

「俺ね、新宿のバーで独りで飲んでいたんだ。初めて入ったワンショットバーなんだけど。肩叩かれて振り向いたら、お一人ですか？　って女性から話しかけてきてさ。美人なんだ。逆ナンされたんだよな。話をしたら趣味とかも同じで盛り上がってさ。終電なくなっちゃって……ラブホテルに行くことになった。それでね。男と女の関係になったわけだ。エッチしてたら物凄く気持ち良くて……今でも信じられないんだけど、抱き合ったまま宙に浮いてさ。宙に浮くなんておかしいだろう。怖いんだけど、気持ち良すぎてそんなことどうでもよくなって。そのまま人生で初めて気絶したよ。気がついたらベッドの上でね。……女がいない。怖くなってホテルの部屋から出て、受付のおばさんに、女性が先に帰ったんだけど……と、聞いたら、あなた独りで来ましたよって言うんだよな。意味わからなくてさ。幽霊なのかな？　お前はどう思うよ」

早坂君の話を聞いて思い出した事件がありました。

見ず知らずの女性に誘われてホテルに入ると、睡眠薬を飲まされ現金を奪われる強盗事件です。

その事件を早坂君に話しました。

現金もカードも盗まれていないと言います。

私としては軽い冗談のつもりでした。

「お前ヤバい薬をヤってないよな」

早坂君の表情が変わるのがわかりました。

「お前は俺をバカにしているのか！　不愉快だ！」

現金をテーブルに叩きつけて帰って行ったのです。

私も早坂君の態度に腹が立ち、止めることもせずにそのまま帰らせました。

冷静になると、悪いことをしたとの感情が湧いてきました。

会話の中で早坂君は、在学中に住んでいた同じアパートにいると言っていました。

仲直りをするきっかけになればと、彼が好きだった映画のＤＶＤを買って郵便で送りました。

暫くしたらＤＶＤは「宛所に尋ねあたりません」と戻って来ました。

私の知るあのアパートには住んでいないと理解できました。

それから一ヶ月後に同じ駅で、早坂君を見つけました。駅のホームにあるうどん屋でキツネうどんを食べていたのです。店に入り話しかけました。

おかしいんです。大量の七味をうどんにかけているのです。

彼は辛いのが大の苦手だったはずなのに、汁が真っ赤になるほど七味をかけていました。

「あれは解決したよ」

どうやら「あの話の女性が彼女になった」と言ってるのですが、会話が支離滅裂で要領を得ないのです。

「彼女に会わせたいから家に来い」

と言います。

心配になりました。早坂君の自宅に行くことにしました。

二十分ぐらいで着きました。

そこは大学生時代に彼が住んでいたのと同じアパートなんです。

一階と二階にそれぞれ六部屋ある木造モルタルアパートで、早坂君は一階の右奥の部屋に住んでいました。住所は間違っていなかったのです。

早坂君が部屋の扉を開けました。室内から強烈な臭いがしてきました。

腐った土と木の臭いです。濡れた土と木が腐り放つあの臭いがするのです。

私は土葬を行っていた墓場で、同じ臭いを嗅いだことがありました。

早坂君が先に部屋に入りました。

私は玄関で靴を脱ぎながら、この臭いの元を探しました。

台所がありその奥に六畳の部屋があり……薄暗い部屋の真ん中にコタツが置いてあります。

皆さん。コタツの上に何があったと思います？

コタツの上に大きな仏壇が置いてあるのです。

それも異様な仏壇なんです。仏壇は泥だらけなんです。

所々が腐っていました。

ここから、土と木の腐った臭いがしていたんだとわかりました。

早坂君は腐った仏壇の前に座るとヘラヘラ笑い出しました。

「彼女と同棲してるんだよ。同棲！　彼女に会わせるからさ」

ここに座れと手招きをします。

私はこんな部屋で早坂君が女性と同棲しているとは思えませんでした。

コタツに近寄り、仏壇を覗きました。

泥だらけの仏壇には、汚れて文字が読めなくなっている位牌が置いてあります。

それに動物のキャラクター人形が何体も無理やり詰め込まれていました。

「なんだよ！　この仏壇！」

「あっこれ？　この仏壇があるから、彼女と同棲してるんだ」

「えっ？」

「だからこの仏壇があるから、彼女と同棲しているんだって」

笑いながら意味不明なことを言います。

理解できず呆然としてたら、早坂君が口からツバを飛ばしながら同棲している彼女の自慢話を支離滅裂に始めました。

腐った土と木の臭いと早坂君の理解不能な発言に、気持ち悪くなりました。

吐きそうになり、これ以上は居られないと思い、逃げ出しました。

その日は眠れませんでした。

早坂君がおかしくなっているのは確かです。理由はわかりませんが、あの仏壇が関係あるとしか思えませんでした。とにかく何とかしなくてはと考えました。

次の日は会社を休んで早坂君の部屋に行きました。

チャイムを押すと、二十代ぐらいの男性が怪訝そうな表情をして出てきました。

「早坂さんは？」

「私は早坂ではないですよ」

「早坂さんが住んでいたはずですが……」

「一年前からこの部屋に住んでますよ。場所、間違ってませんか？」

絶対に間違ってはいません。昔この部屋で早坂君とよく遊びましたから。

昨日も来ましたし、間違えるわけがないんですよ。

大家さんの家を知っていましたから訪ねました。

大家さんは「早坂なんて知らないし、あの部屋には早坂なんか住んでいない」と言うんです。

「三年前、早坂さんは大学生であの部屋に住んでいましたよ。彼と連絡取りたいので、親御さんの電話番号を教えてください」

と頼みました。

しかし大家は「もし住んでいた事があったとしても個人情報だから教えられない」と頼みを聞いてくれませんでした。

鈴木は無表情で私の顔を眺めた。

「いたこさん。私は、未だに早坂君とは連絡が取れません。探偵に頼んで早坂君を探してもらおうかと考えもしましたが……。何かおかしいんですよ。最近は早坂君との記憶自体が曖昧になっているんです。最近……」

鈴木は言葉を止めた。

そしてゆっくりと何かを考えるように……。

「……最近、思うことがあるんです……早坂君は私の妄想で、存在をしていないのではないかと……怖いんです」

私は体験談を語る鈴木から感情のようなものを感じとれなかった。

どこか機械的な気味悪さがあった。


朝の六時過ぎに百物語の会が終了した。

皆で駅に向かっていると、鈴木が私の横に来て並んで歩き出した。

相変わらず無表情に私を見ると、

「見せたいものがあるんです。今度私の部屋に遊びに来ませんか。連絡をください」

そう告げると早歩きで駅に向かって歩いて行った。

私は鈴木の体験談を聞いている時に妙な憶測が湧いてきていた。

駅に向かって歩いて行く鈴木の背中を見ていてその考えがだんだん強くなった。

早坂君は、友人ではなく鈴木本人ではないのかと。

アパートの部屋の真ん中に泥だらけの大きな仏壇があり、その前に鈴木が座っているイメージが湧くのだ。

そしてその仏壇を見ては駄目だと私の直感が訴えかけてきた。

決して関わってはいけないと……。

私の脳内に得体の知れない恐怖がジワジワと広がった。

心霊写真

美香は子供の頃、心霊写真になりたかった。

「どういうことですか？」

と質問すると、自分が写っている写真に幽霊が写ること、それが「心霊写真になる」という意味だという。

彼女は心霊写真が大好きで、小遣いを貯めては心霊写真の本を買っていた。

そんな彼女の夢が小学校六年生で叶うことになる。

「卒業アルバムに載せるために、毎年六年生は運動場で人文字を作って撮影するんですよ」

航空機を使って空撮をする大掛かりな撮影だ。

八十年代は小学生の数も多く、六年生だけでも百五十人近くいた。

なので六年生だけで人文字が作れたのだ。

今年は設立三十周年記念で人文字は校章のマークになった。

六年生は体育の帽子をかぶり先生の指示に従い人文字を作った。


撮影から二ヶ月が経った頃。

美香が学校に行くと廊下で六年生が集まって騒いでいた。

「怖いとか幽霊だとか騒いでいるんです。テンションが上がりましたよ」

デジタルカメラがない時代は写真をプリントするのには手間が掛かった。

カメラも高価だったので、学校の行事には専属のカメラマンが付いてきて撮影することが多かった。

撮影された記念写真はその学年の教室がある廊下の壁に貼り出され、欲しい写真があれば写真番号と名前を書いて注文するようになっている。

先月撮影した人文字の空撮写真が廊下の壁に貼られていた。

卒業アルバムにも載るのだが、別のアングルで撮影されたものが貼ってあるという。

プリントは六切（二〇三×二五四）で大きい。

写真には運動場で六年生達が作った校章の人文字。右側には校舎があり、左側に二五メートルプールがある。

そのプールの水面を指差して生徒達は騒いでいるのだ。

「プールの水面に大きく女の子の顔があったの」

バストショットで写っている女の子はセーラー服を着ていた。

三つ編みのおさげをした、綺麗な高校生のお姉さんに見えたという。

他の生徒達は気持ち悪がっていたが、美香は大喜びだ。

あの人文字の中に自分がいるわけだから、念願の心霊写真になれたのだ。

観賞用と保存用に二枚買うことにした。

「二枚買うからと母に言うと怒られたわ」

一枚は買ってくれることになったが、もう一枚は自分が貯めたお小遣いで買うことになった。値段は忘れたが子供のお小遣いからすると高かったという。

二枚注文をした。


数ヶ月して、プリントされた写真が封筒に入れられて配られた。

「絶叫しましたよ」

写真から幽霊が消えていたのだ。

あのプールの水面にいた、女子高生の幽霊が消えているのだ。

水面は修正したように水色で塗り潰されていた。

「頭にきて担任の先生に文句を言ったら、そんなものは最初から写っていないと言うんですよ。どう見ても塗り潰しているのに」

しかも多くの生徒が廊下で目撃しているのに、だ。

「中岡俊哉先生の『恐怖の心霊写真集』を買うつもりで貯めていたお小遣いで買ったのに……。悲しくなりました」

後日渡された卒業アルバムの人文字写真にも、プールには女子高生の霊は写っていなかった。

悔しい気持ちのまま卒業式を迎えることになる。

卒業式の当日、彼女はあることを思い出した。

卒業生で作った人文字は必ず校長室に飾られるのだ。

もしかしてと、こっそりと校長室に入ってみると……壁には歴代の卒業生による人文字写真が、額縁に入れられ飾られている。

美香達の人文字の写真もあった。

「驚きました。額縁に飾られていた人文字の写真には、あの女子高生が写っているんですよ！」

頭にきて職員室の担任の先生に文句を言いに行った。

先生は校長室まで一緒に見に来たが、そんなものは写ってないと真顔で言う。

子供には見えているが大人には見えていないのかと、その時は納得してしまうのである。


最近、小学校の同窓会があった。

定年退職された担任の先生も来ていた。

美香は担任の先生と昔話に花を咲かせていた流れで、あの心霊写真のことを聞いてみた。

「あの心霊写真なんですが……覚えていますか？」

先生は「あの人文字の写真か」と即答した。

「先生も写真の霊が見えていたのですか？」

「あの写真には吃驚したよな。知らなかったのか？」

「どういうことですか？」


初めは先生も幽霊が撮影されているので驚いたという。

だがこの幽霊はどこかで見たことがあるような気がした。

他の先生達も同じ気持ちになっていた。

「あの人文字写真を撮る前にあったことを覚えてないか?」

言われて、近くで事故があったとか、同級生に不幸があったとか、そういうことかと思ったが、女子高生の幽霊に関係しそうなことは何一つ思い出せない。

「校長先生を覚えているか?」

年配の女性の校長先生だった。

当時、美香達学生は、おばあちゃん校長先生と呼んでいた。

校長先生は卒業生が人文字を作るときに、必ず自分も参加していた。

美香達のときも校長先生は一緒に人文字を作ることを楽しみにしていたが、撮影前に急死したのだ。

「だけど、写っていたのは女子高生でしたよ」

「似ているから、先生達で校長先生宅に確認に行ったんだよ。昔の写真を見せてもらったらね。高校生のときの校長先生だったよ」

流石に子供達に渡すのには問題があると判断され、焼き増しの写真には修正をした。

だが、学校に飾る写真だけは、校長先生なのでそのままにしたという。

美香にはすべての謎が解けた。

「校長先生も女性だから。どうせ幽霊で出るのなら若い姿で写りたかったんだろうね」

今でもその小学校の校長室には、女子高生姿の校長先生が写った人文字の記念写真が飾られているという。

憑依怪談　無縁仏

2020年4月4日　初版第1刷発行

著者　いたこ28号
編集　中西如(Studio DARA)
発行人　後藤明信
発行所　株式会社 竹書房
〒102-0072 東京都千代田区飯田橋2-7-3
電話03(3264)1576(代表)
電話03(3234)6208(編集)
http://www.takeshobo.co.jp
印刷所　中央精版印刷株式会社

定価はカバーに表示しています。
落丁・乱丁本の場合は竹書房までお問い合わせください。

ISBN978-4-8019-2220-4 C0193